RAPPORT DE M. CHARLES LUCAS

ARCHITECTE

MINISTÈRE DU COMMERCE, DE L'INDUSTRIE
ET DES COLONIES

EXPOSITION UNIVERSELLE INTERNATIONALE DE 1889
À PARIS

RAPPORTS DU JURY INTERNATIONAL

PUBLIÉS SOUS LA DIRECTION

DE

M. ALFRED PICARD

INSPECTEUR GÉNÉRAL DES PONTS ET CHAUSSÉES, PRÉSIDENT DE SECTION AU CONSEIL D'ÉTAT

RAPPORTEUR GÉNÉRAL

Économie sociale. — Section IV

(APPRENTISSAGE)

RAPPORT DE M. CHARLES LUCAS

ARCHITECTE, MEMBRE DE LA SOCIÉTÉ D'ÉCONOMIE POLITIQUE
ET DE LA SOCIÉTÉ D'ÉCONOMIE SOCIALE

PARIS

IMPRIMERIE NATIONALE

LIBRAIRIE GUILLAUMIN ET Cⁱᵉ, RUE DE RICHELIEU, 14

M DCCC XCI

ÉCONOMIE SOCIALE.

SECTION IV.

APPRENTISSAGE.

RAPPORT DE M. CHARLES LUCAS,

ARCHITECTE, MEMBRE DE LA SOCIÉTÉ D'ÉCONOMIE POLITIQUE
ET DE LA SOCIÉTÉ D'ÉCONOMIE SOCIALE.

SOMMAIRE. — I. Ensemble et physionomie de l'Exposition de la section IV. — II. Programme et grandes divisions de la section IV. — III. Liste des récompenses. — IV. De l'enseignement technique : sa définition, ses branches diverses et ses divers degrés. — V. Rapide historique de l'enseignement technique jusqu'à la fin du dernier siècle. — VI. Un ancien contrat d'apprentissage (1766-1770). — VII. L'enseignement technique en France de 1788 à 1878. — VIII. L'enseignement technique en France de 1878 à 1889 et l'enseignement professionnel et ménager des jeunes filles. — IX. Les grands prix de la section IV. § 1. France : 1° Ministère du commerce et de l'industrie; Ministère de l'agriculture et Préfecture de la Seine (direction de l'Enseignement et direction de l'Assistance publique); 2° École nationale des arts décoratifs de Paris et Écoles nationales des arts décoratifs de Limoges et d'Aubusson (directeur, M. Louvrier de Lajolais); 3° Société de protection des apprentis et des enfants employés dans les manufactures. § 2. Étranger : 1° États-Unis, Department of Interior, Bureau of Education, à Washington; 2° Grande-Bretagne, City and Guilds of London, Institute for the advancement of technical Education; 3° Russie : Commission de l'enseignement technique de la Société impériale polytechnique, à Saint-Pétersbourg (M. E. d'Andréeff, ancien président fondateur). — X. Les médailles d'or de la section IV. § 1. France : 1° Ministère de la marine; 2° Association polytechnique et Association philotechnique de Paris, Société philomathique de Bordeaux (M. Buhan, secrétaire général); 3° Société centrale des architectes français; 4° Patronage industriel des fleurs et des plumes, à Paris; 5° École municipale professionnelle de garçons, à Saint-Étienne (Loire), et Institution Livet, à Nantes; 6° M. A. Chaix, à Paris, et M. Paul Moutier, à Saint-Germain-en-Laye. § 2. Étranger : 1° Belgique : Institut supérieur de commerce, à Anvers; 2° Danemark : Association de 1837, à Copenhague; 3° Grande-Bretagne : Industrial training ship Clio, à Chester; National Association of certified reformatory and industrial schools, à Londres; Association for the oral instruction of the deaf and dumb children, à Londres; Donegal industrial fund (Mᵐᵉ Ernest Hart, directrice, à Londres; 4° Grèce : Orphelinat Hélène, au Pirée; 5° Suède : Almänna Barnhuset, à Stockholm. — XI. Autres récompenses de la section IV. Médailles d'argent : 1° France; 2° Le travail des enfants; 3° Étranger; 4° Médailles de bronze et mentions honorables. — XII. Un musée-bibliothèque d'économie sociale.

I

ENSEMBLE ET PHYSIONOMIE DE L'EXPOSITION DE LA SECTION IV.

Plus peut-être que toute autre section de l'exposition d'Économie sociale, la section IV, consacrée aux divers modes d'apprentissage et d'enseignement professionnel ainsi qu'aux sociétés de patronage et aux orphelinats, aurait eu besoin d'une grande concentration et d'une sévère classification pour faciliter au visiteur l'examen des objets exposés et par suite la comparaison des diverses méthodes proposées. Malheureusement il n'a pu en être ainsi : la place restreinte accordée à cette section dans le pavillon même de l'exposition d'Économie sociale à l'Esplanade des Invalides; les documents répartis çà et là, qu'il lui fallait revendiquer comme siens dans les quinze autres sections de cette exposition, notamment dans la section XIV affectée aux institutions patronales[1]; le complément important qu'elle trouvait dans le pavillon spécial des expositions collectives des villes françaises et des nations étrangères[2]; le parti adopté par un grand nombre d'industriels ou de sociétés et d'écoles d'enseignement professionnel de développer luxueusement les résultats qu'ils avaient obtenus de leurs apprentis dans la classe 6-7-8 (*enseignement technique*), installée fort à l'aise dans le pavillon et les galeries des Arts libéraux au Champ de Mars, plutôt que dans les locaux resserrés de l'Esplanade des Invalides; enfin la réunion, dans des expositions disséminées de l'avenue de Suffren à la rue de Constantine, de l'ensemble des envois des Ministères français et de la Préfecture de la Seine ainsi que de plusieurs nations étrangères[3]; tout a concouru à rendre difficile, pour le comité d'admission et d'enquête chargé de l'orga-

[1] Nous citerons, à ce sujet, la section I (*Rémunération du travail*), qui étudiait le travail des enfants dans les manufactures et les encouragements au travail, médailles et prix; la section III (*Syndicats professionnels*), où nombre de sociétés exposaient la marche et les résultats des écoles ou des cours ouverts par elles pour former des ouvriers; la section XII (*Cercles d'ouvriers*) qui, comme la section III, faisait large part aux collections, cours, conférences et jeux alliant l'enseignement aux distractions variées; la section XIII (*Hygiène sociale*), qui avait dans ses attributions la protection des apprentis, et enfin la section XIV (*Institutions diverses créées par les chefs d'exploitation en faveur de leur personnel*) qui comprenait les subventions, à quelque titre que ce soit, pour les institutions d'éducation et d'instruction, les écoles, l'enseignement professionnel donné dans l'usine et les ouvroirs de fabrique. — Voir annexe à l'*arrêté ministériel du 9 juin 1887* : exposition d'Économie sociale, classification.

[2] C'est ainsi que, en dehors des expositions collectives des comités départementaux classées hors sections et formant de fait une section spéciale, dans laquelle nous avons dû cependant réclamer, entre autres exposants, la *Société philomathique de Bordeaux* et son secrétaire général, M. Buhan, qui ont obtenu, dans la section IV, deux médailles d'or dont une de collaboration, nous avons eu à examiner, dans ce pavillon des villes et des nations, la remarquable exposition qui a valu un grand prix à la *Société de protec-tion des apprentis et des enfants employés dans les manufactures*, une partie des œuvres de la ville de Reims et toute l'exposition de la Belgique ressortissant de la section IV dans laquelle cette nation a obtenu dix récompenses, dont une médaille d'or et cinq médailles d'argent. — Voir, plus loin, *III, Liste des récompenses*.

[3] Le Ministère du commerce et de l'industrie et le Ministère de l'agriculture ainsi que la Préfecture de la Seine (direction de l'enseignement et direction de l'assistance publique), lesquels ont obtenu trois grands prix dans la section IV, s'y étaient fait représenter par de forts intéressants documents, rapports officiels, budgets spéciaux, cartes, statistiques, tableaux et graphiques; mais c'était dans le pavillon des Arts libéraux, dans les longues galeries de l'Agriculture et dans l'un des pavillons de la Ville de Paris qu'il fallait aller rechercher la plus grande partie des efforts tentés et surtout les résultats obtenus par ces grandes administrations dans le domaine de l'enseignement professionnel. De même les expositions des commissariats généraux de l'Angleterre, des États-Unis de l'Amérique du Nord et de la Russie avaient gardé, dans les galeries du Champ de Mars, les importantes collections de documents qui ont valu à chacune de ces trois nations un grand prix dans la section IV. — Voir *Catalogues spéciaux* de ces administrations et de ces nations et, plus loin, *III, Liste des récompenses*.

nisation de cette section [1], la formation d'une exposition homogène et a, par suite, rendu plus difficile encore, pour le jury des quatre premières sections de l'Économie sociale [2], l'examen de nombreux et intéressants documents dont beaucoup ont été inscrits sur les divers catalogues français et étrangers, sans toujours figurer sur le catalogue même de la section IV.

En outre, des renseignements précieux et en grande partie inédits, rapports de fonctionnaires publics ou statuts de sociétés et relevés de leurs données financières, avaient été adressés au Comité d'admission de la section avec cette mention : *expressément réservés à l'enquête* et témoignaient ainsi, de la part de leurs auteurs, d'un vif désir de s'associer dans une certaine mesure à l'œuvre d'économie sociale que nous poursuivions, mais aussi du vœu qu'il a fallu respecter de ne pas être considérés comme exposants proprement dits, c'est-à-dire de ne pas être soumis à l'examen du jury et de ne pas participer à l'obtention des récompenses [3].

Cette part faite aux difficultés de recrutement des exposants et au groupement rationnel de leurs envois, difficultés qui ont lourdement pesé sur le développement et l'harmonie même de l'exposition de la section IV, nous jetterons un coup d'œil sur le noyau de cette exposition, sur la partie qui était aménagée au fond et à droite du pavillon de l'Économie sociale [4]; nous reportant à l'aspect qu'elle présentait le 6 mai 1889, à l'heure même où le canon annonçait l'ouverture officielle de l'Exposition universelle du centenaire de la Révolution française et où les membres du Comité d'admission de la section qui, leur président en tête, avaient, dès le matin, mis habit

[1] Ce comité se composait de MM. Henri Tolain, sénateur, *président*, et Charles Lucas, architecte, *vice-président*; de MM. A. Chaix, directeur de l'Imprimerie des chemins de fer; Aug. Desmoulins, ancien conseiller municipal de Paris; Paul Montier, entrepreneur de serrurerie, et Ernest Nusse, avocat, secrétaire de la Société de protection des apprentis, *membres*; et de M. Émile Ogier, rédacteur au Ministère de l'intérieur, *secrétaire*.

[2] Ce jury, chargé d'un premier examen en vue des propositions de récompenses à présenter au jury de groupe, comprenait : MM. E. d'Andréeff, commissaire général de la section russe, *président*; Charles Robert, président de la Société pour l'étude pratique de la participation du personnel dans les bénéfices, *vice-président*; Charles Lucas, architecte, *secrétaire*; Sommerville Pinkney Tuck, commissaire général adjoint des États-Unis; Leone Wollembourg, délégué du commissariat italien; Charles Lavollée, administrateur de la Compagnie générale des voitures; Lyonnais, député; Frédéric Passy, député, membre de l'Académie des sciences morales et politiques, *membres*; Ed. Gollinon, ancien entrepreneur de travaux publics, *membre associé*.

[3] Parmi ces documents ainsi envoyés au Comité en vue de l'enquête et qui appartiennent pour la plupart aujourd'hui au Musée d'économie sociale, se trouvaient, en assez grand nombre, les statuts d'institutions de patronage de divers États de l'empire d'Allemagne et des notices concernant des établissements d'enseignement professionnel religieux français, ainsi que des données relatives à plusieurs œuvres d'enseignement ou de patronage qui avaient réservé la meilleure partie de leurs efforts pour figurer avec honneur dans la classe 6-7-8.

[4] Nous nous en voudrions de ne pas mentionner spécialement ici une des plus intéressantes annexes de la section IV, le petit pavillon en menuiserie vernie avec escalier extérieur situé derrière le Cercle populaire et concentrant, à l'intérieur de sa construction, œuvre exclusive des élèves de l'*École professionnelle de garçons de la ville de Saint-Étienne*, tous les documents relatifs à l'organisation et à la marche de cette École, ainsi que de remarquables spécimens (cahiers, épures, bois et fers ouvrés, rubans tissés et pièces de modelage) des travaux de ses élèves.

bas et travaillé comme des manœuvres pour en achever l'installation, voyaient à peu près complètement terminé le placement des tableaux et des modèles envoyés au dernier moment et se préparaient à en faire les honneurs à M. le Président de la République et à son escorte.

Soit que, venant de l'avenue centrale de l'Esplanade, le visiteur arrivât dans l'emplacement réservé à la section IV après avoir traversé la section III et étudié les consciencieux tableaux des syndicats professionnels, ou que, venant de la rue de l'Économie sociale, il arrivât de côté, en sortant de la section VII que décoraient de brillantes peintures murales retraçant l'importance des grandes compagnies d'assurances, la section IV lui paraissait comme un petit monde, tout spécial mais très varié, dans lequel tous les travaux manuels et toutes les industries d'art semblaient s'être donné rendez-vous en répondant à une pensée unique : celle d'illustrer d'une façon vivante tous les modes d'enseignement professionnel. Au milieu du grand salon, deux pyramides quadrangulaires, élevées sur des socles carrés, étaient recouvertes de dessins d'exécution aux colorations puissantes, de fragments de tapisserie et de pièces de céramique dont quelques-unes, entre autres un trépied de couronnement, d'une grande valeur, et ces œuvres d'art, dues à des élèves en passe de devenir des maîtres, disaient, ainsi qu'une grande cheminée en faïence de plusieurs mètres de hauteur et formant le fond du salon, toute l'excellence de l'enseignement, artistique et technique à la fois, des Écoles nationales d'arts décoratifs de Paris, d'Aubusson et de Limoges. Entre ces pyramides, descendait du faîtage une ample et riche bannière symbolisant les cours professionnels des ouvriers chauffeurs-mécaniciens au-dessus d'un ingénieux appareil servant à établir une correspondance écrite entre aveugles et voyants. Sur les panneaux, à droite et à gauche de l'entrée portant le cartouche de la section, les cloisons, d'un ton neutre, avaient reçu les envois d'associations d'enseignement et les modèles et épures du Cercle des ouvriers maçons et tailleurs de pierre; à la suite, sur le grand panneau de gauche et en retour, à droite et à gauche du beau tableau, véritable œuvre de composition et de décoration, dessiné par M. Paul Sédille et retraçant l'historique et les tendances de la Société centrale des architectes français, un cadre, merveille de disposition typographique de la maison Chaix et l'ensemble harmonieusement varié des données professionnelles de la maison de serrurerie Paul Moutier, de Saint-Germain-en-Laye; puis les expositions de la Société centrale du travail professionnel, de la Chambre de commerce de Marseille, du Patronage industriel des plumes et fleurs de Paris, de l'Association pour le placement en apprentissage et le patronage d'orphelins des deux sexes et de la Société d'encouragement au bien; au fond, à côté de la belle cheminée de Limoges, étaient disposés, comme en une sorte de panoplie, autour des armes antiques de la ville de Nîmes, les résultats des concours d'apprentissage patronnés par le Cercle des prud'hommes de cette ville et, plus loin, des ouvrages de couture d'écoles professionnelles et ménagères de jeunes filles, parmi lesquelles l'École municipale de Saint-Étienne; enfin, sur le panneau de droite, à côté des entrées de deux petits salons adossés au pavillon de l'Hygiène, les expositions documentaires des Ministères du commerce et de l'industrie, de l'agriculture et de la marine, de la Préfecture de la Seine et de la Préfecture de police et des Associations philotechnique et polytechnique. Dans ces deux petits salons, suppléant à l'insuffisance de la surface accordée à la section, étaient disposés un nombre considérable de renseignements et de travaux d'enseignement professionnel : dessins d'art ou épures provenant d'écoles ou de cours pratiques; rose étoilée de cent couleurs et formée d'étoffes diversement nuancées en vue des laboratoires de teinture; matériel des cours de la Chambre syndicale de l'industrie du papier; travaux typographiques des élèves de l'École Gutenberg; vitrine d'objets de coutellerie exécutés dans la colonie d'apprentissage de Bologne (Haute-Marne); travaux de couture de l'École professionnelle et ménagère de Chaumont (Haute-Marne); photographies de divers établissements industriels et, entre autres, des ateliers de l'Orphelinat Farcy et Oppenheim, à Clermont (Oise); documents sur l'apprentissage dans les maisons Baille-Lemaire et Barbas, Tassart et Balas, de Paris; tableau de l'École de chapellerie de Villenoy (Seine-et-Marne); programmes de cours et travaux d'élèves de l'École d'horlogerie d'Anet (Eure-et-Loir); exposition de l'Œuvre du refuge israélite pour l'enfance de Neuilly-sur-Seine, et enfin, car il faut borner notre énumération aux exposants qui avaient su attirer et retenir le visiteur en intéressant son esprit ou en charmant ses regards au milieu de sa course rapide au travers des sections de l'Économie sociale, étagère garnie de pièces de céramique à divers états d'achèvement et travaux de couture des cours professionnels pratiques de l'école de jeunes filles de Mlle Menon, à Levallois-Perret (Seine)[1].

II

PROGRAMME ET GRANDES DIVISIONS DE LA SECTION IV.

D'après l'arrêté ministériel du 9 juin 1887, le programme sommaire de la section IV était ainsi conçu :

SECTION IV. — *Apprentissage.* — Enseignement technique donné dans l'atelier même ou dans des écoles et des cours fondés, soit par l'usine, soit par une réunion de chefs d'industrie, soit par les ouvriers eux-mêmes[2];

[1] Un souvenir de cette journée d'inauguration de l'Exposition universelle de 1889 se rattache même à la visite de cette partie de la section IV. Devant l'étagère de céramique des cours pratiques de Levallois-Perret étaient assises deux élèves occupées à terminer la décoration d'une assez belle jardinière à laquelle manquait le motif milieu réservé pour un chiffre et lorsque, guidé par MM. Léon Say, Henri Tolain et Émile Levasseur, président et membres de la Commission d'organisation de l'exposition d'Économie sociale, M. le Président de la République s'arrêta devant ces jeunes ouvrières, il voulut bien les autoriser à combler cette lacune avec les deux C entrelacés du chiffre de Mme Cécile Carnot et peu après, la jardinière, datée du 6 mai 1889, fut acquise pour les appartements particuliers de l'Élysée.

[2] Ici une note ainsi conçue : *Pour l'apprentissage général donné dans des Écoles municipales ou entrete-*

Écoles ménagères. Orphelinats industriels et agricoles ;
Établissements destinés aux enfants moralement abandonnés ;
Sociétés de patronage pour les apprentis ;
Enseignement aux futurs ouvriers et aux futurs patrons des notions économiques, sociales et industrielles et du fonctionnement pratique des institutions de prévoyance.

Et nous ajouterons que le questionnaire détaillé, joint pour faciliter l'enquête à cette classification sommaire, comprenait dix têtes de chapitres qui, relatives à l'apprentissage dans l'atelier, à l'enseignement professionnel et aux sociétés de patronage, étaient ainsi libellées :

I.   Généralités sur l'atelier.
II.   Rapports entre le patron et l'apprenti.
III.   Méthodes d'apprentissage.
IV.   Résultats de l'apprentissage.
V.   Écoles d'apprentis spéciales à un atelier.
VI.   Cours professionnels en dehors de l'atelier.
VII.   Écoles professionnelles.
VIII. Écoles ménagères pour enseigner aux jeunes filles la tenue du ménage.
IX.   Orphelinats industriels ou agricoles, ouvroirs.
X.   Nature, services et objet des sociétés de patronage.

Nous croyons, au reste, que la meilleure manière de montrer le contingent qu'un tel programme a fourni à l'exposition d'Économie sociale est de transcrire ci-dessous la liste des récompenses attribuées à la section IV, récompenses nombreuses, car beaucoup d'exposants avaient présenté d'intéressants éléments de réalisation du problème si complexe de l'apprentissage. En revanche, nous ne croyons pas devoir suivre pour cette liste l'ordre alphabétique qui est presque obligatoire dans un palmarès officiel de cette importance, et nous préférons reprendre l'ordre dans lequel ces récompenses ont été proposées par le jury des quatre premières sections au jury complet du groupe de l'Économie sociale, lequel a bien voulu sanctionner cet ordre qui tient compte du mérite relatif, ainsi que de l'analogie des services rendus et des efforts tentés. Nous ajouterons qu'un tel ordre facilite singulièrement les appréciations qui en doivent découler dans l'esprit de tous.

mes par l'État (voir à l'*Enseignement technique*, classe 6 de la Classification générale), note qui a été en partie cause de l'hésitation des établissements municipaux ou des écoles de l'État à se faire représenter à la section IV de l'exposition de l'Économie sociale ; mais, grâce aux nombreuses circulaires envoyées par le président du comité d'admission de cette section, et grâce surtout à ses démarches personnelles, les ministères et les administrations municipales ont accepté la pensée que certaines données des écoles nationales et des écoles municipales étaient du ressort de l'Économie sociale, et ont adressé à la section IV des exemplaires de leurs programmes d'enseignement, des tableaux ou des graphiques de leur fonctionnement et même un choix de travaux de leurs élèves. — Voir Catalogue de la section et, ci-dessous, *III, Liste des récompenses.*

III

LISTE DES RÉCOMPENSES [1].

HORS CONCOURS.

M. Lucas (Charles), rapporteur du jury pour la section.

GRANDS PRIX.

FRANCE.

1° Ministère du commerce et de l'industrie. — *Médaille d'argent de collaboration :* M. Paul Méquer, attaché à la direction de l'enseignement technique.

2° Ministère de l'agriculture.

3° Préfecture de la Seine : direction de l'Enseignement et direction de l'Assistance publique.

4° École nationale des arts décoratifs de Paris et Écoles nationales des arts décoratifs de Limoges et d'Aubusson (directeur : M. Louvrier de Lajolais).

5° Société de protection des apprentis et des enfants employés dans les manufactures, à Paris.

ÉTRANGER.

1° *États-Unis.* — Department of Interior, Bureau of Education, à Washington.

2° *Grande-Bretagne.* — City and Guilds of London, Institute for the Advancement of technical education. — *Médaille d'argent de collaboration :* M. Croad, School Board for London.

3° *Russie.* — Commission de l'enseignement technique de la Société impériale polytechnique, à Saint-Pétersbourg. — *Médaille d'or de collaboration* offerte à la mémoire de M. le professeur E. d'Andréeff, ancien président-fondateur de la commission.

MÉDAILLES D'OR.

FRANCE.

1° Ministère de la marine.

2° Association philotechnique, à Paris [2].

3° Association polytechnique, à Paris [2].

4° Société philomathique, à Bordeaux [2]. — *Médaille d'or de collaboration :* M. Bahau, secrétaire général.

[1] Le classement par analogie de mérite est surtout possible, et nous l'avons observé, pour ce qui est des récompenses accordées aux exposants français ; quant aux récompenses accordées aux exposants étrangers, nous avons suivi l'ordre alphabétique des désignations officielles des nations qui ont pris part à l'Exposition. — Pour les récompenses décernées à titre de médailles de collaboration, elles sont présentées, sans distinction de nationalités, dans l'ordre même et à la suite des récompenses accordées aux exposants dont les collaborateurs ont été l'objet d'une semblable distinction.

[2] Ces trois associations d'enseignement, inscrites ici dans l'ordre du catalogue, tout en présentant au

5° Société centrale des architectes français, à Paris.

6° Patronage industriel des plumes et fleurs, à Paris.

7° École municipale professionnelle de garçons, à Saint-Étienne (Loire).

8° Institution Livet, à Nantes (Loire-Inférieure).

9° M. Chaix, imprimerie et librairie centrales des chemins de fer, à Paris [1]. — *Médaille d'argent de collaboration* : M. G. Berger, chargé de la direction de l'école professionnelle.

10° M. Paul Moutier, entrepreneur de serrurerie, à Saint-Germain-en-Laye (Seine-et-Oise) [1].

ÉTRANGER.

1° *Belgique.* — Institut supérieur de commerce, à Anvers.

2° *Danemark.* — Association de 1837, à Copenhague.

3° *Grande-Bretagne.* — Industrial training ship Clio, à Chester.

4° National Association of certified reformatory and industrial schools, à Londres.

5° Association for the oral instruction of the deaf and dumb children, à Londres.

6° Donegal industrial fund (M⁻ Ernest. Hart, directrice), à Londres.

7° *Grèce.* — Orphelinat Hélène, au Pirée.

8° *Suède.* — Almänna Barnhuset, à Stockholm.

MÉDAILLES D'ARGENT.

FRANCE.

1° Société d'apprentissage de jeunes orphelins, à Paris [2].

2° Association pour le placement en apprentissage et le patronage d'orphelins des deux sexes, à Paris [2].

3° Patronage industriel des enfants de l'ébénisterie, à Paris.

4° OEuvre du refuge israélite pour l'enfance, à Neuilly-sur-Seine.

5° Bureau de bienfaisance, à Nancy (Meurthe-et-Moselle).

6° Chambre syndicale des entrepreneurs de couverture et plomberie, à Paris.

7° École municipale professionnelle de garçons, à Reims (Marne).

8° École ménagère et professionnelle de jeunes filles, à Reims (Marne).

9° École professionnelle de jeunes filles, à Saint-Étienne (Loire).

10° École des arts et métiers de Clermont-Ferrand (Puy-de-Dôme).

11° Société protestante du travail, à Paris.

12° Société de patronage des prisonniers libérés protestants, à Paris.

13° Société centrale du travail professionnel, à Paris.

14° M. Géry-Legrand, à Lille.

15° Préfecture de police, à Paris. — Travail des enfants : M. Damico, sous-chef.

16° École Gutenberg, à Paris.

17° M. Cyprien Sommelet, à Bologne (Haute-Marne).

18° Conseil de prud'hommes, à Nîmes (Gard).

---

jury des quatre premières sections des mérites quelque peu divers, lui ont semblé devoir être placées *ex æquo*, appréciation confirmée par le jury de groupe.

[1] Les établissements de ces deux industriels ont été placés par le jury *ex æquo* au point de vue de l'apprentissage, malgré leurs données bien différentes.

[2] Ces deux sociétés de patronage d'orphelins ont attiré presque aux mêmes titres l'attention du jury qui les a placées *ex æquo* en tête des œuvres semblables récompensées d'une médaille d'argent.

— *Médaille de bronze de collaboration :*
M. Pierre Verdier.

19° École de commerce, à Marseille (Bouches-du-Rhône).

20° Cercle des maçons et tailleurs de pierres, à Paris. — *Médaille de bronze de collaboration :* M. Sauvanet, professeur de coupe de pierres.

21° École de chapellerie, à Villenoy (Seine-et-Marne). — *Médaille de bronze de collaboration :* M. Rippert, sous-directeur.

22° Société nationale d'encouragement au bien, à Paris.

23° École professionnelle de la Chambre syndicale du papier, à Paris.

24° Orphelinat municipal professionnel, à Angers (Maine-et-Loire).

25° Société industrielle, à Elbeuf (Seine-Inférieure).

26° MM. Chardin et Cⁱᵉ, à Paris [1].

27° M. Famin fils aîné, à Lillers (Pas-de-Calais) [1].

28° MM. Farcy et Oppenheim, à Paris [1].

29° M. Baille-Lemaire, à Paris, [2].

30° MM. Barbas, Tassart et Balas, à Paris [2].

31° Chambre syndicale de la bijouterie en imitation, à Paris.

32° École d'horlogerie, à Anet (Eure-et-Loir) : M. Beillard, directeur [3].

33° Cours professionnels pratiques pour les jeunes filles, à Levallois-Perret (Seine) : Mˡˡᵉ M. Menon, directrice [3].

34° La Professionnelle, à Saint-Fargeau (Yonne).

35° Société amicale des apprentis de la maison Leclaire, à Paris.

36° Caisse des orphelins du xvıᵉ arrondissement, à Paris.

37° Chambre syndicale de la bonneterie française, à Paris.

ÉTRANGER.

1° *Belgique.* — École industrielle, à Morlanwelz.

2° École ménagère, à Marcinelle et Couillet.

3° École ménagère, à Boussu.

4° École professionnelle de typographie; à Bruxelles.

5° Cercle des anciens élèves de l'école industrielle, à Huy.

6° *États-Unis.* — Cornell University. à Ithaca.

7° *Grande-Bretagne.* — Les œuvres de Miss Ada Leigh, à Paris.

8° Technical School, à Stockport.

9° *Italie.* — Scuola industriale, à Vicenza.

10° *Russie.* — École centrale des arts appliqués à l'industrie, à Helsingfors (grand-duché de Finlande).

11° *Suède* : Internat à Malmoë.

MÉDAILLES DE BRONZE.

FRANCE.

1° École ménagère et professionnelle, à Chaumont (Haute-Marne).

2° École professionnelle des apprentis tailleurs, à Paris.

3° M. Bornot, à Troyes (Aube).

4° M. Guimbert, à Paris.

5° L'Émulation dieppoise, à Dieppe (Seine-Inférieure).

[1] Ces trois établissements industriels, dont les expositions étaient des plus intéressantes, ont paru au jury mériter d'être placés *ex æquo* soit pour leurs données d'apprentissage, soit pour leurs données d'orphelinat, soit pour l'ensemble de leurs mérites à ce double point de vue.

[2] Ces deux établissements ont été placés *ex æquo* par le jury pour les améliorations qu'ils ont apportées dans le sort de leurs apprentis.

[3] Ces deux écoles, ou ensemble de cours professionnels, ont également retenu l'attention du jury par la grande initiative et les heureuses tendances qui. dans des cadres différents, leur sont imprimées par M. Beillard et par Mˡˡᵉ M. Menon.

6° Orphelinat Beer, à Louveciennes (Seine-et-Oise).

7° Chambre syndicale de la passementerie, à Paris.

8° Maison des orphelins protestants du Gard, à Nîmes.

9° MM. Merlin et Cⁱⁱ, à Vierzon (Cher).

10° *Médaille de bronze de collaboration :* M. Julien Lepage, à Reims[1].

ÉTRANGER.

1° *Belgique.* —École professionnelle, à Verviers.

2° Société des horlogers, à Bruxelles.

3° Mᵐᵉ Dérickx, à Bruxelles.

4° M. Henry Weyland, à Marchiennes.

5° *Grande-Bretagne.* — Liverpool training school of Cookery.

6° *Italie.* — M. Auguste Beaux, à Milan.

7° *Suisse.* — École professionnelle, à Saint-Imier[2].

8° École d'horlogerie, à Bienne[2].

MENTIONS HONORABLES

FRANCE.

1° École d'apprentissage, à Bellefontaine (Haute-Marne).

2° Caisse des orphelins du xviiiᵉ arrondissement, à Paris.

3° Patronage laïque du 1ᵉʳ arrondissement, à Paris.

4° M. Ad. Bonnot, à Paris.

5° M. Casimir Anthime, à Bourges (Cher).

RÉSUMÉ.

Exposant hors concours...................................... 1

RÉCOMPENSES.

Grands prix.. 8
Médailles d'or (dont 2 de collaboration)............................ 20
Médailles d'argent (dont 3 de collaboration)...................... 51
Médailles de bronze (dont 4 de collaboration)....................... 21
Mentions honorables...................................... 5

Total des récompenses (dont 9 à des collaborateurs).... 105

[1] Récompense accordée personnellement à M. J. Lepage pour les cours de dessin qu'il dirige et qui ont été compris dans l'exposition collective de la ville de Reims, laquelle a reçu une médaille d'or (hors sections). — [2] Deux écoles, conçues dans les mêmes données statutaires, répondant bien aux mêmes besoins d'industrie locale, et placées *ex æquo* par le jury.

IV

DE L'ENSEIGNEMENT TECHNIQUE.
SA DÉFINITION, SES BRANCHES DIVERSES, SES DIVERS DEGRÉS.

L'enseignement professionnel ou l'enseignement technique, suivant la désignation qui semble prévaloir aujourd'hui pour cet enseignement depuis le congrès qui lui a été consacré pendant l'Exposition universelle de 1889 [1], l'enseignement technique donc, que cet enseignement soit distribué à l'atelier, dans des écoles spéciales, dans des orphelinats ou dans des ouvroirs, formant la base même de la quatrième section et comme l'axe autour duquel doivent graviter toutes les études d'économie sociale se rattachant à l'apprentissage et au patronage de l'enfance ouvrière, on voudra bien, sans nous reprocher d'empiéter sur le domaine de la classe 6-7-8 plus particulièrement réservée aux modèles et matériel de cet enseignement [2], nous laisser définir cet enseignement tel que nous le comprenons et esquisser rapidement sa marche depuis les premiers efforts de l'homme jusqu'à nos jours [3].

Pour nous, l'enseignement technique est l'application aux professions industrielles, agricoles [4] ou commerciales, de données théoriques et pratiques empruntées à l'ensemble des connaissances humaines. L'enseignement technique doit donc recevoir, à cause de son triple but, trois grandes directions différentes correspondant à l'industrie, à l'agriculture et au commerce, et, dans chacune de ces directions, se partager en deux divisions, l'une consacrée aux études théoriques qui relèvent de l'école proprement dite et l'autre consacrée aux applications pratiques qui ont pour domaines divers : l'atelier, le laboratoire, les salles de dessin et de modelage, les fermes et les champs d'agriculture expérimentale ainsi que les musées industriels et commerciaux.

Quoique toutes les professions, même celles dites *libérales* ou celles se rattachant

---

[1] Voir, dans le compte rendu analytique de la deuxième session du *Congrès international de l'enseignement technique commercial et industriel* tenue à Paris du 8 au 13 juillet 1889, le vœu relatif à l'emploi des mots *enseignement technique* pour désigner l'ensemble des deux enseignements industriel et commercial.

[2] Voir *Instructions et Questionnaire* relatifs à l'exposition d'Économie sociale, page 65, la note 1, note ainsi conçue : la classe 6, devenue la classe 6-7-8 de la classification générale, comprend spécialement les modèles et le matériel de cet enseignement, qui appartient par son côté intellectuel et professionnel à l'exposition d'Économie sociale.

[3] Voir, *Conférences de l'Exposition universelle de 1889*, tome I : Charles Lucas, *L'Enseignement profes-*

sionnel en France depuis 1789, et E.-O. Lami, *Dictionnaire encyclopédique et biographique de l'industrie et des industriels* (supplément), article *Enseignement technique*, conférence et article auxquels sont empruntées une partie des données qui suivent.

[4] Nous croyons, malgré l'existence en France d'un Ministère de l'agriculture distinct du Ministère du commerce et de l'industrie, devoir comprendre l'agriculture dans l'enseignement technique, répondant en cela aux données mêmes des administrations publiques et des écoles professionnelles ou œuvres de patronage représentées dans la section IV et dont un certain nombre s'occupent plutôt d'agriculture ou l'associent, dans leur programme, aux professions industrielles et commerciales.

aux beaux-arts, aient, à les bien considérer, chacune leur côté technique qui nécessite des études spéciales et parfois l'habitude d'exercices physiques, ce qui caractérise plus particulièrement les professions relevant de l'enseignement technique, et par suite cet enseignement lui-même, est le grand développement d'études pratiques et de travaux manuels qu'il comporte et aussi cette nécessité inéluctable de toujours ramener les études théoriques à une application industrielle, agricole ou commerciale.

Comme tout enseignement complètement organisé, l'enseignement technique doit comprendre et comprend aujourd'hui en France, au moins à l'état de cadres et de programmes : enseignement primaire, enseignement secondaire et enseignement supérieur, ce dernier embrassant les études nécessaires à la formation des maîtres de divers degrés, et aussi les hautes études sans lesquelles aucun enseignement ne saurait avoir chance de progresser [1].

V

RAPIDE HISTORIQUE DE L'ENSEIGNEMENT TECHNIQUE JUSQU'À LA FIN DU DERNIER SIÈCLE.

On ne saurait nier que l'enseignement technique, organisé méthodiquement comme il l'est aujourd'hui en France et chez certaines nations étrangères, ne soit réellement né d'hier et n'ait obtenu que tout récemment les programmes nettement définis, les méthodes particulières et les écoles spéciales qui lui font sa place dans la grande famille de l'enseignement; cependant, plus encore que tout autre, l'enseignement technique, remontant à l'origine de l'industrie, voit son histoire se confondre avec l'histoire même de l'humanité.

Les premiers artisans, ceux auxquels sont dus les habitations et les objets préhistoriques, furent, en effet, malgré leur ignorance complète des notions les plus élémentaires de l'art d'enseigner, les premiers maîtres de l'enseignement technique; car ils durent s'efforcer de transmettre à leurs enfants, par leurs conseils et mieux encore par leurs exemples, les procédés primitifs qu'ils employaient pour éclater un silex, pour tisser une natte, pour façonner une poterie ou pour tailler un morceau de bois, et, au bout de nombreuses générations, on put constater, dans les œuvres écloses sous l'influence de traditions constantes et de recherches successives, des perfectionnements industriels et des tentatives d'ornementation qui caractérisent les écoles les plus anciennes et qui, se développant, offrirent, plus de quatre mille ans avant notre ère,

---

[1] Voir, plus loin, IX, au sujet des grands prix accordés, dans la section IV, au Ministère du commerce et de l'industrie et au Ministère de l'agriculture ainsi qu'à la Préfecture de la Seine, l'indication des établissements d'enseignement technique industriel, agricole et commercial appartenant à ces trois degrés et susceptibles d'être assimilés aux établissements universitaires de l'enseignement primaire, de l'enseignement secondaire et de l'enseignement supérieur.

dès les premières dynasties de l'Égypte pharaonique, un art industriel très avancé et tout à fait maître de ses procédés.

A des époques plus rapprochées de nous, on a pu même classer les nombreuses écoles d'artistes qui, dans la Grèce antique, surent travailler le marbre, les métaux, la terre cuite et l'ivoire; Pompéi nous a conservé, sous un linceul de cendres, de charmants spécimens de l'industrie gréco-romaine, et les villas ainsi que les églises mérovingiennes et carolingiennes se parèrent d'œuvres exécutées sous l'influence des traditions romaines.

Il y eut donc, dans ces milliers d'années qui sont du domaine des civilisations anciennes ou des âges de transition, de considérables progrès accomplis dans l'industrie, progrès qui décèlent un véritable enseignement technique, plutôt pratique que théorique, divisé peut-être en autant de branches qu'il y avait de matières et d'industries diverses, et par suite manquant de coordination; mais on peut apprécier toute l'importance et toute l'étendue qu'avait prises cet enseignement par les remarquables spécimens de l'industrie du passé conservés dans nos musées.

En revanche, dès les derniers siècles du moyen âge, les corporations des métiers, créées à l'imitation des collèges d'artisans de la Rome antique, furent les véritables dépositaires des traditions et des progrès de l'industrie, traditions et progrès qu'elles conservèrent avec un soin jaloux et que, grâce à un apprentissage trop étroitement réglé, elles firent se perpétuer en France pendant plus de six siècles, du xiiᵉ à la fin du xviiiᵉ siècle [1], constituant ainsi, à une époque où la division du travail n'avait pas encore spécialisé et localisé l'ouvrier et par suite l'apprenti dans une faible partie de son industrie, un véritable enseignement technique général, particulier à chaque profession, mais aussi complet que le permettait l'état d'avancement du savoir pendant cette longue période.

VI

UN ANCIEN CONTRAT D'APPRENTISSAGE (1766-1770).

C'est cet état de choses que détruisit en France l'édit de Turgot de 1776, édit abolissant les corporations, les maîtrises et les jurandes, et venant ainsi tarir la principale et presque la seule source de formation des ouvriers et de recrutement des apprentis.

On nous permettra, la première question soulevée par le programme de la section IV et une des plus importantes au point de vue des rapports entre le patron et

[1] Il serait injuste de ne pas rappeler ici les services rendus par certains ordres religieux à l'industrie et aux arts pendant toute la durée du moyen âge et aussi les nombreux encouragements qui leur furent accordés à diverses époques, dans tous les pays civilisés, par les souverains ou par les grands seigneurs; il faut enfin constater l'heureuse influence exercée en France sur diverses industries par l'établissement des manufactures royales.

l'apprenti étant celle du contrat d'apprentissage, de nous arrêter quelques instants sur ce sujet.

Malgré que ce contrat se perpétue encore dans d'anciennes, fort honorables et très prospères maisons industrielles, dont plusieurs figurent avec honneur sur la liste des récompenses de la section IV, et malgré que l'on puisse regretter de voir cette coutume du contrat d'apprentissage tomber de plus en plus en désuétude, on ne peut que s'incliner devant le fait accompli et reconnaître le peu de chances qu'il y ait de voir un contrat régler, de nos jours comme autrefois, dans la presque totalité des cas, les relations entre le patron, l'apprenti et les parents de ce dernier [1].

D'une part, les familles ne veulent plus s'engager à abandonner le travail de leur enfant pendant les trois ou quatre années nécessaires à son instruction professionnelle, car elles ont hâte de bénéficier au plus tôt du faible gain que l'enfant, déjà un peu débrouillé au bout de la première année, peut rapporter au logis; d'autre part, le patron n'a plus, dans le cas de différends soulevés pendant la durée du contrat d'apprentissage, la possibilité d'en faire respecter les clauses par une puissante corporation ayant été représentée lors de sa rédaction, en ayant ensuite constamment surveillé l'exécution et reconnue apte enfin par tous à en sanctionner les résultats.

La difficulté qui provient de cet abandon du contrat d'apprentissage est même rendue patente par les précautions et les sacrifices que sont obligées de s'imposer les administrations publiques, notamment la Ville de Paris, dans les règlements des écoles professionnelles ou d'apprentissage qu'elles s'efforcent de créer.

C'est ainsi que dans ces règlements qui constituent un contrat tacite entre l'administration de l'école, c'est-à-dire en fait la Ville de Paris, et la famille de l'élève, il est prévu que le plus souvent, outre la gratuité complète de l'enseignement ainsi que de fournitures d'école et d'atelier qu'il peut entraîner, des avantages considérables pourront être assurés à l'apprenti, au fur et à mesure de ses progrès et sous les formes les plus diverses : don des vêtements d'atelier, déjeuner et goûter pris gratuitement à l'école, quart de bourse, demi-bourse et bourse entière pouvant atteindre une rétribution annuelle variant de 60 à 600 francs, laquelle est payée aux parents comme pour les récupérer du travail de leur enfant, et enfin don, à la sortie de l'école, de l'outillage nécessaire à l'exercice de la profession embrassée [2].

---

[1] Nous signalerons cependant le vœu suivant émis par la section industrielle du Congrès de l'enseignement technique de 1889 :

Le Congrès émet le vœu que :

1° Tout apprentissage à temps déterminé soit l'objet d'un contrat obligatoire en double, fait sur papier libre et dont l'enregistrement sera gratuit;

2° Aucune juridiction ne puisse accueillir les réclamations relatives aux apprentissages sans la présentation de ce contrat;

3° La loi du 22 février 1851 soit modifiée comme suit :

Toute personne qui occupera un apprenti ne présentant pas le congé d'acquit de son apprentissage ou le certificat le déclarant libre de tout engagement pourra être rendue légalement responsable des dommages intérêts accordés par le tribunal au patron abandonné, quel que soit le nouvel état de l'apprenti.

[2] Voir, *Bulletin municipal officiel de la Ville de Paris* (années 1887 à 1891), les délibérations du Conseil

Ceci dit, nous citerons le plus ancien contrat d'apprentissage original exposé dans la section IV sur la demande de nos collègues du comité d'admission, le contrat notarié par lequel notre bisaïeul, Louis Lucas, fut placé, le 23 juillet 1766, par son père, Louis Lucas, entrepreneur de serrurerie, chez le sieur Jean-François Ernault, maître vitrier à Paris et par lequel ce dernier se déclare prêt à accepter «ledit Lucas fils pour son apprenti, auquel il promet montrer et enseigner sondit métier de vitrier et tout ce dont il se mêle et entremet en iceluy sans luy en rien cacher, le nourir, éclairer, chauffer et loger et le traiter humainement; de sa part, ledit sieur Lucas promet et s'oblige d'entretenir ledit sieur son fils d'habits convenables à son état et de luy faire blanchir son linge».

Nous ne savons si la présence, lors de la signature du contrat, «de deux conseillers du roy, notaires au Châtelet, du syndic de la Communauté des maîtres vitriers et de quatre jurés de ladite communauté actuellement en charge (lesquels sont nommément qualifiés dans l'acte)», fit une impression salutaire sur l'esprit de notre bisaïeul, alors âgé de 13 ans; mais ledit contrat est suivi de quelques lignes de la veuve Jean-François Ernault devenue, par la mort de son mari, maîtresse vitrière et jouissant comme telle de toutes les prérogatives attachées à ce titre, laquelle certifiait quatre ans plus tard (le 29 juillet 1770) que le nommé Louis Lucas «dénommé au présent brevet a fait son temps d'apprentissage fort assidument et fidellement et lui permettait de travailler où bon lui semblera à Paris.»

Ajouterons-nous, pour compléter ce que nous savons sur ce bon apprenti, que des lettres émanant de la Prévôté de Paris, lettres exposées au-dessous du précédent contrat et datées du 6 octobre 1787, portent la nomination «de Louis Lucas comme adjoint-syndic de la Communauté des maîtres fayenciers, vitriers, potiers de terre pour deux ans, la première en qualité d'adjoint et la seconde en celle de syndic» et qu'il fut ainsi le dernier syndic de cette communauté, en attendant que, lors de la création de la *Société des entrepreneurs de peinture et de vitrerie*, il fut élu président de ladite société, fonction qu'occupait encore, en 1838, son fils et successeur François Lucas, notre aïeul [1].

VII

L'ENSEIGNEMENT TECHNIQUE EN FRANCE DE 1788 À 1878.

En France, l'édit de Turgot de 1776 abolissant les corporations avait, en même temps, porté un coup fatal à l'apprentissage et détruit ce qui pouvait constituer, sous

municipal accordant ces bourses ou fractions de bourses aux élèves des écoles municipales professionnelles de garçons et aux élèves des écoles ménagères et professionnelles de jeunes filles, ainsi que les affiches annuelles annonçant les dates des examens et les conditions d'entrée de ces écoles avec les avantages promis aux élèves.

[1] *Documents personnels* (Voir catalogue de la IVᵉ section) et Sageret, *Almanachs et Annuaires des bâtiments*, Paris, petit in-8°, *passim*.

l'ancien régime, un enseignement technique libre, quoique réglementé au possible. Quant à l'enseignement technique officiel, il ne consistait guère que dans les ateliers des manufactures royales où se formaient un petit nombre d'apprentis sévèrement comptés. Cependant on peut citer, dès 1788, une création originale et féconde entre toutes dans ce domaine de l'enseignement technique, création due à l'initiative privée, objet de bien des transformations de détails depuis un siècle, mais toujours florissante.

C'est en effet, en 1788, à la veille même de la Révolution de 1789, et au duc de La Rochefoucauld-Liancourt, un grand seigneur libéral, qu'il faut faire remonter la première idée de la fondation d'écoles où des jeunes gens pauvres recevraient, outre l'instruction primaire, les notions techniques nécessaires à la pratique de certains métiers, et pour réaliser cette idée, le duc de La Rochefoucauld-Liancourt, étant alors colonel d'un régiment de dragons, avait fondé à ses frais, dans une ferme dépendant de son domaine de Liancourt et dite de *la Montagne*, une école où il faisait élever les enfants des sous-officiers de son régiment et leur faisait enseigner un état[1].

N'est-ce pas bien là le type de l'école d'apprentissage ou de l'école professionnelle moderne[2], type aussi complet que peuvent nous le représenter, de nos jours, les *Écoles nationales des arts et métiers de Châlons, d'Aix et d'Angers* ou *l'École municipale d'apprentissage Diderot*, à Paris; quant à l'autre type également en faveur de nos jours, le type de l'atelier de travail manuel dans l'école primaire, celui dont *l'École Salicis*, rue Tournefort, à Paris, peut donner une idée, son programme en fut fixé, dès le 26 juin 1793, par Lakanal, proposant à la Convention d'organiser des écoles où serait donnée l'instruction nécessaire à tous et où l'enseignement devrait comprendre la lecture, l'écriture, des notions élémentaires de géométrie, de physique, de géographie, de morale et d'ordre social; des exercices gymnastiques pour les deux sexes, des exercices militaires pour les garçons, de la couture pour les filles et enfin des ouvrages manuels pour les deux sexes.

Nous ne suivrons pas dans leurs développements, malheureusement coupés par de

---

[1] D'après le programme de cette école, transportée en 1799 à Compiègne où elle devint l'un des quatre prytanées français, et plus tard à Châlons-sur-Marne, où elle existe toujours, sous le nom d'École nationale des arts et métiers, la division des arts mécaniques, dans laquelle les élèves devaient faire un apprentissage de trois années comprenant, outre l'enseignement général, huit heures de travaux d'ateliers par jour, se composait des ateliers suivants :

1° Fondeurs, limeurs, ajusteurs, tourneurs en métaux;

2° Forgerons;

3° Charpentiers, menuisiers en bâtiments, meubles et machines;

4° Tourneurs en bois;

5° Charrons.

(Extrait de l'enquête de l'enseignement professionnel, t. II, *Rapports et documents divers*, publiés sous les auspices du Ministère du commerce, de l'agriculture et des travaux publics, Paris, 1865, in-4°, Imp. imp., p. 584.)

[2] On nous permettra de déplorer la petite dose d'amour-propre qui, passant des familles aux élèves, aux maîtres et aux comités directeurs de ces écoles, fait presque partout supprimer ou tout au moins reléguer en sous-titre le mot *apprentissage* qui convient cependant mieux que tout autre pour désigner la plupart des écoles dites *professionnelles*.

nombreux temps d'arrêt, ces deux types d'enseignement technique, depuis 1788 et 1793 jusqu'à l'avant-dernière Exposition internationale universelle de Paris en 1878 ; toute cette étude des transformations successives de deux types, désignés familièrement de nos jours sous ces noms de *l'école dans l'atelier* et *l'atelier dans l'école* [1], étant plutôt du domaine d'un rapport sur l'enseignement technique proprement dit : cependant comme nous montrerons de fait, au sujet des principales récompenses accordées dans la section IV, ce que produisent aujourd'hui ces deux modes d'enseignement, nous rappellerons que du premier surtout, du type créé par le duc de La Rochefoucauld-Liancourt et aussi des nécessités de mettre notre industrie française à même de lutter contre la concurrence étrangère, sont nés :

1° Les écoles nationales des arts et métiers ;

2° Le Conservatoire national des arts et métiers, destiné à l'origine et encore consacré de nos jours, non seulement à réunir les outils et les machines récemment inventés ou perfectionnés, mais encore à les expérimenter et à les faire fonctionner publiquement, grâce à des leçons faites sur place par des démonstrateurs, lesquels sont aujourd'hui des professeurs demandés, le plus souvent, aux différentes classes de l'Institut et dont les cours, devenus plus théoriques que pratiques, constituent ainsi un enseignement de hautes études industrielles plutôt qu'un enseignement professionnel pratique ;

3° L'École centrale des arts et manufactures, elle aussi, devenue un établissement d'enseignement supérieur où l'enseignement théorique l'emporte sur les travaux pratiques ;

4° De nombreuses écoles départementales ou municipales professionnelles, telles que la plus ancienne peut-être de toutes, l'École de Montivilliers (Seine-Inférieure), l'École de Mulhouse, transportée après la guerre à Épinal et devenue l'École industrielle de l'Est de la France, l'École de Grenoble, devenue l'École Vaucanson, les Écoles de Saint-Étienne et de Reims, l'Institut industriel du Nord de la France, à Lille, et tant d'autres établissements d'enseignement professionnel dans lesquels, à côté de classes d'enseignement primaire supérieur, étaient installés, il y a plus de quinze années, des ateliers de travail manuel et parfois des laboratoires plus ou moins munis du matériel nécessaire, suivant que ces établissements, plus ou moins appréciés, s'étaient concilié, dans des données bien diverses, la faveur des familles et des conseils généraux ou des conseils municipaux.

Il faut à cet égard noter, comme types de ces établissements et pouvant leur servir de modèles, l'École municipale d'apprentissage du Havre, fondée en 1867 [2], et sur-

---

[1] C'est ainsi que le programme du Congrès des sociétés savantes qui s'est tenu à la Sorbonne en mai 1891 porte, pour la section des sciences économiques et sociales, une question ainsi formulée : *Du rôle des écoles professionnelles dans l'enseignement primaire obligatoire? — Faut-il mettre l'atelier dans l'école ou l'école dans l'atelier? (Comparaisons internationales).*

[2] Cette école, reconstruite depuis et agrandie sous la municipalité de M. Jules Siegfried, député offre, dans son échelle suffisante, un véritable type des établissements de ce mode d'enseignement.

tout l'École municipale d'apprentissage du boulevard de la Villette, à Paris, devenue l'École Diderot [1];

5° Enfin quelques établissements libres, recevant parfois des subventions de diverse nature, et dont les plus importantes étaient l'Institution Livet, à Nantes, les Ateliers d'apprentissage des Frères de la Doctrine chrétienne et les Ouvroirs des Sœurs de Saint-Vincent-de-Paul.

Du second type, celui découlant du rapport de Lakanal, ont été créés :

1° Dans presque tous les chefs-lieux des départements et dans quelques autres villes importantes, des écoles primaires supérieures départementales ou municipales de garçons, mais beaucoup plus rarement des écoles semblables pour les jeunes filles; des écoles d'enseignement primaire supérieur, dont l'École de la Martinière, à Lyon, et les Écoles Turgot, Jean-Baptiste Say, Colbert, Lavoisier et Arago, à Paris, offrent le type le plus complet; plus quelques établissements libres joignant un enseignement technique très limité à l'enseignement secondaire spécial ou seulement à l'enseignement primaire ordinaire;

2° Les écoles ouvertes par de grands industriels comme M. Schneider, au Creusot, et par certaines congrégations religieuses;

3° Enfin, système mixte entre l'école dans l'atelier ou l'atelier dans l'école, les cours et les conférences, parfois accompagnés de démonstrations pratiques, ouverts sous les auspices de grandes associations d'enseignement, comme les Associations polytechnique et philotechnique de Paris, la Société philomathique de Bordeaux et d'autres semblables à Lyon, Nantes, Lille, etc.

Mais, comme on peut le voir dans cette rapide énumération des développements offerts en France pendant quatre-vingt-dix ans, de 1788 à 1878, par ces deux données de l'enseignement technique, l'instruction professionnelle des jeunes filles et surtout leur éducation ménagère, c'est-à-dire leur initiation aux soins et aux devoirs du ménage, de la famille en un mot, ne tenait presque aucune place, sauf peut-être dans certains ouvroirs religieux ou dans quelques patronages ayant le caractère d'œuvres de bienfaisance et obligés de tenir grand compte du gain provenant de la vente du travail des enfants.

[1] C'est le 1ᵉʳ décembre 1871, au lendemain même des désastres qui s'étaient accumulés sur Paris, que M. Gréard, alors directeur de l'enseignement primaire de la Seine, proposait, dans un remarquable mémoire résumant les diverses données de l'état de l'apprentissage à Paris, mémoire adressé à M. Léon Say, alors préfet de la Seine : «la création, à titre de type à multiplier, s'il y a lieu, et à proposer en exemple, d'une *école d'apprentis*» (voir *Des écoles d'apprentis*, Paris, 1872, in-8', Mourgues, p. 92). Et un an plus tard, le 6 janvier 1873, était ouverte, bien médiocrement installée et avec un bien petit nombre d'élèves, l'École municipale d'apprentis du boulevard de la Villette, qui, malgré des tâtonnements et de grandes difficultés à surmonter, se révélait, dès l'Exposition universelle de Paris en 1878, comme un remarquable type d'enseignement professionnel, capable de former, non des ouvriers, mais des contremaîtres pour la plupart des industries du bois et du fer.

VIII

L'ENSEIGNEMENT TECHNIQUE EN FRANCE DE 1878 À 1889
ET L'ENSEIGNEMENT PROFESSIONNEL ET MÉNAGER DES JEUNES FILLES.

L'Exposition universelle de 1878 marque une date ou plutôt un point de départ dans le développement plus rapide et mieux compris de l'enseignement technique en France. Cette Exposition fit connaître les types alors existants, aussi bien dans notre pays qu'à l'étranger, d'établissements distribuant cet enseignement, et permit d'apprécier les résultats déjà obtenus. En outre, un des premiers soucis des hommes politiques qui prirent, peu après 1878, la direction des affaires publiques en France, fut de rechercher comment il était possible d'améliorer le sort de la classe ouvrière par une instruction adaptée à ses besoins, et aussi quelles mesures urgentes s'imposaient pour conserver à la France, dans le domaine de l'art industriel, une suprématie acquise et que l'Exposition avait consacrée, mais qui pouvait être menacée au premier jour.

De Paris, à la fois comme ville et comme siège de gouvernement, partit l'élan nécessaire. En 1880, M. le sénateur Herold, préfet de la Seine, s'inspirant des essais heureux tentés sous la haute direction de M. Gréard et qui avaient produit l'École d'apprentis du boulevard de la Villette et les Ateliers de travail manuel de la rue Tournefort, constitua une grande commission d'enseignement professionnel, divisée en deux sous-commissions; la première, avec M. le sénateur Corbon comme président-rapporteur, était chargée d'étudier la double question de l'atelier dans l'école et de l'école dans l'atelier, et l'autre, avec M. le sénateur Tolain comme président-rapporteur, était chargée d'étudier la création d'écoles d'apprentissage [1]. Les travaux de cette commission eurent cette double conclusion :

1° Qu'il serait bon d'adjoindre à toute école primaire un atelier pour que tous les élèves puissent s'y exercer manuellement;

2° Qu'il y avait lieu et nécessité de créer, sur le type de l'École d'apprentissage du boulevard de la Villette, des écoles d'apprentissage pour les industries mères, telles que les industries du meuble, les industries du bâtiment, la fabrication des instruments de précision, écoles destinées aux garçons, et une école d'apprentissage à la fois ménagère et professionnelle pour les jeunes filles [2].

---

[1] Voir *Rapports de MM. A. Corbon et H. Tolain, sénateurs, sur les exercices manuels dans les écoles primaires et sur la création d'écoles d'apprentissage,* Paris, Mourgues. 1881, in-4°.

[2] On nous permettra de rappeler ici, parmi les membres de cette commission, à côté de MM. Brelay, Martin Nadaud et Greppo, députés, Thorel, Ernest Hamel et de Hérédia, conseillers municipaux, Émile Ferry, Denis Poulot et Sextius-Michel, maires des IVe, XIe et XVe arrondissements de Paris. MM. Gréard, Carriot, Salicis, de Montmahou, Moutard, Duplan et Regimbeau, qui représentaient dans cette commission l'enseignement à ses divers degrés, et MM. Congny, Bourbouze, Henry-Lepaute et Ch. Lucas, auteurs des rapports spéciaux à la création des diverses écoles d'apprentissage.

2.

Acceptées par l'Administration préfectorale et accueillies avec faveur par le Conseil municipal, les conclusions de la Commission reçurent presque aussitôt un commencement d'exécution, tant par la création d'ateliers de travail manuel et de salles de coupe dans un grand nombre d'écoles primaires communales que par la création, en partie achevée, en partie en voie de réalisation à Paris, de plusieurs écoles municipales professionnelles pour les garçons [1], de six écoles municipales professionnelles et ménagères pour les jeunes filles [2], et, hors Paris, de l'École d'horticulture de Villepreux (Seine-et-Oise), de l'École d'ébénisterie et de typographie de Montévrain (Seine-et-Marne), de l'École typographique d'Alençon (Orne) et de l'École professionnelle de jeunes filles d'Yzeure (Allier) [3].

De son côté, le Gouvernement qui, depuis plusieurs années, se préoccupait de fournir à l'enseignement primaire un type d'école comprenant tous les degrés de cet enseignement et le complétant par un apprentissage de trois années [4], prit l'initiative de la loi du 11 décembre 1880 sur les écoles manuelles d'apprentissage, loi préparée à la suite d'une entente des deux Ministères de l'instruction publique et du commerce et signée par MM. Jules Ferry et Tirard. Les effets de cette loi ne se firent pas attendre et, en moins de deux années, fut décrétée, sur la proposition des mêmes ministres, la création à Vierzon (Cher), à Armentières (Nord) et à Voiron (Isère) d'écoles nationales d'enseignement primaire supérieur et d'enseignement professionnel préparatoires à l'apprentissage, écoles destinées à servir de types pour les établissements de même nature qui seraient fondés par application de ladite loi [5].

L'entente des deux Ministères de l'instruction publique et du commerce ne se borna pas à la création de ces trois Écoles nationales, aujourd'hui en plein développement sous la haute surveillance de M. de Montmahou, inspecteur général honoraire de l'Université, qui a puissamment collaboré à leur organisation; cette entente amena encore, à la suite des travaux de commissions spéciales de hauts fonctionnaires de l'instruction publique et du commerce, parmi lesquels M. F. Buisson, directeur de

[1] Outre l'École Diderot, il faut citer l'École municipale professionnelle des industries du meuble (École Boulle), rue de Reuilly (xiie arrondissement); l'École municipale de physique et de chimie, rue Vauquelin (ve arrondissement), l'École municipale professionnelle des industries du livre (École Estienne), provisoirement rue Vauquelin, et deux autres écoles en préparation, celle des industries du bâtiment et celle de fabrication des instruments de précision.

[2] Ces écoles sont situées rue Violet (xve arrondissement), rue Bossuet (xe arrondissement), rue Bouret (xixe arrondissement), rue Ganneron (xviie arrondissement), rue de Poitou (iiie arrondissement) et rue de la Tombe-Issoire (xive arrondissement).

[3] Ces quatre écoles, dont les trois premières sont des écoles de garçons, relèvent de l'administration générale de l'Assistance publique (service des enfants maltraités ou moralement abandonnés). — Voir rapport de M. E. Peyron, directeur, pour l'année 1889, Montévrain, 1890, in-4°.

[4] Il faut remonter à la discussion générale du budget de l'année 1876 pour trouver la première origine de ces écoles manuelles d'apprentissage dans un discours de M. Henri Brisson, député de la Seine, qui, plus tard, comme président du Conseil général du Cher, prit une part active à la création de l'École nationale de Vierzon.

[5] Voir Musée pédagogique, mémoires et documents scolaires, fascicule n° 46, *Écoles manuelles d'apprentissage et Écoles professionnelles*, Paris, 1887, Impr. nat., *passim*, et aussi Félix Martel, *L'enseignement technique primaire*, Paris, 1889, in-12.

l'enseignement primaire, et M. G. Ollendorff, directeur de l'enseignement technique, la rédaction des règlements d'administration publique [1] fixant les programmes de ces établissements d'enseignement professionnel, les conditions de recrutement des maîtres et des élèves et les avantages qui pourraient leur être attribués, enfin les subventions de diverses sources qui pourraient être versées à ces établissements par le Ministère du commerce, les départements ou les communes [2], que ces établissements soient départementaux ou municipaux ou qu'ils soient l'œuvre de l'initiative privée.

Cette dernière, en effet, n'était pas restée inactive et, en dehors de professeurs libres ou de puissantes associations d'enseignement qui ont reçu les encouragements des municipalités, les conseils d'administration des grandes compagnies d'exploitation industrielle ainsi que de nombreux patrons se sont, depuis dix ans, sous l'empire de préoccupations sociales chaque jour plus vives, efforcés, au prix de sacrifices qui leur font honneur, de préparer, dans leurs propres ateliers, le recrutement et l'instruction de leur personnel, en même temps qu'ils tentent, par de nombreux avantages résultant de participation aux bénéfices et de caisses de secours et de retraite, de sociétés de consommation et de création de logements à bon marché, de s'attacher ce personnel et de le rendre de plus en plus solidaire de la prospérité de leur industrie.

Mais, plus encore que des données théoriques, l'examen rapide des mérites des principaux lauréats de la section IV montrera les efforts faits avec tant de diversité et les résultats obtenus dans cette voie de l'enseignement technique, parfois si heureusement ouverte à l'enfance abandonnée ou infirme.

IX

LES GRANDS PRIX DE LA SECTION IV.

§ 1ᵉʳ. FRANCE : I. MINISTÈRE DU COMMERCE ET DE L'INDUSTRIE; MINISTÈRE DE L'AGRICULTURE ET PRÉFECTURE DE LA SEINE (DIRECTION DE L'ENSEIGNEMENT ET DIRECTION DE L'ASSISTANCE PUBLIQUE.)

1° Ministère du commerce et de l'industrie.

C'est à dessein et non par respect de la hiérarchie des pouvoirs publics que, dans l'attribution des grands prix et dans l'étude sommaire des mérites qui ont milité en

[1] Voir les *Règlements d'administration publique* du 30 juillet 1881 et du 17 mars 1888 qui complètent la loi du 11 décembre 1880 et aussi la répartition, en onze circonscriptions régionales d'inspection, des écoles primaires supérieures et professionnelles placées sous le régime de cette loi.

[2] Ministère du commerce et de l'industrie, Conseil supérieur de l'enseignement technique, subventions à des établissements d'enseignement technique : *Projet de répartition pour 1889*, gr. in-4°. — Voir aussi, pour le département de la Seine et la ville de Paris, les délibérations du Conseil général de la Seine et du Conseil municipal de Paris.

faveur de ces hautes récompenses. le jury des quatre premières sections du groupe de l'Économie sociale et, sur sa proposition, le jury entier du groupe ont placé en tête des récompenses de la section d'apprentissage le Ministère du commerce et de l'industrie et le Ministère de l'agriculture, ainsi que la Préfecture de la Seine [1].

Ces deux départements ministériels, par leur action dirigeante qui s'étend sur le pays tout entier, et cette Préfecture, par l'initiative et les ressources que la Ville de Paris met sans cesse au service des questions d'enseignement et d'assistance, sont en effet hors de pair et ne peuvent que laisser loin derrière eux de remarquables groupes d'établissements même dépendant de l'État, et plus encore des ensembles d'institutions particulières, ainsi que les plus vaillantes des associations dues à l'initiative privée.

Le Ministère du commerce et de l'industrie était représenté dans la section IV par des documents (cartes, graphiques et tableaux de statistique) dressés en vue de l'Exposition sous la direction de M. G. Ollendorff, directeur de l'enseignement technique [2], et en partie par les soins de M. Paul Méquer, ce dernier récompensé à ce titre d'une médaille d'argent de collaboration.

En outre, le Ministère avait mis à la disposition du jury de nombreux documents parlementaires ou rapports administratifs exposant le développement considérable pris en France depuis dix années par l'enseignement technique à tous les degrés, les travaux des commissions et des services administratifs chargés de contrôler et d'améliorer cet enseignement, la répartition, année par année, des sommes portées au budget des dépenses du Ministère, tant pour les établissements dépendant de l'État que pour ceux seulement subventionnés par lui, enfin les efforts tentés pour développer l'enseignement commercial parallèlement à l'enseignement technique et pour donner à cet enseignement commercial la juste importance qu'il mérite [3].

Nous ne reviendrons pas ici sur la nature et le nombre des établissements d'enseignement professionnel de diverse importance qui ressortissent du Ministère du commerce et de l'industrie, établissements dont nous avons esquissé plus haut l'origine et le développement [4] et dont les mérites spéciaux rentrent bien mieux dans le cadre du rapport de M. P. Jacquemart sur la *classe de l'enseignement technique;* nous dirons seulement que l'enchaînement raisonné et les études graduées de ces divers établissements consti-

[1] Voir, plus haut, *II, Programme et grandes divisions de la section IV,* et *III, Liste des récompenses.*

[2] Tous les amis de l'enseignement professionnel déploraient la douloureuse maladie qui, depuis les fatigues de l'Exposition de 1889, retenait ce fonctionnaire éloigné des importants travaux auxquels il s'était si complètement dévoué; mais nous étions loin de penser que, lors de la correction de ces pages dans lesquelles son nom revient plus d'une fois, nous aurions à inscrire sa mort et à constater cette perte si fâcheuse pour les institutions dont il était l'âme et dont il sur-

veillait le développement avec un soin de tous les instants.

[3] Voir, sur ces diverses données et surtout au sujet de l'état actuel et des besoins de l'enseignement commercial, le rapport déposé le 10 juin 1890 à la Chambre des députés par M. Jules Siegfried, à propos du budget général de l'exercice 1891 (Ministère du commerce, de l'industrie et des colonies, 1re section : Commerce et industrie).

[4] Voir, plus haut, *VII, L'enseignement technique en France de 1788 à 1878.*

tuent un enseignement des plus complets, surtout au point de vue industriel, et comprenant les trois degrés habituels :

1° *Enseignement supérieur*, représenté par le Conservatoire national des arts et métiers et l'École centrale des arts et manufactures;

2° *Enseignement secondaire*, représenté par les trois Écoles nationales d'arts et métiers de Châlons, d'Aix et d'Angers, l'École nationale d'horlogerie de Cluses et les Écoles spéciales de commerce;

3° *Enseignement primaire*, représenté par l'École d'apprentissage de Dellys (Algérie), par les nombreuses écoles manuelles d'apprentissage et par les écoles d'enseignement primaire supérieur ou complémentaire comprenant des cours ou des classes et parfois des ateliers et des musées d'enseignement professionnel, industriel ou commercial.

C'est entre ces deux derniers degrés d'enseignement, mais plus près du deuxième que du troisième, qu'il convient de placer, pour la partie ressortissant du Ministère du commerce et de l'industrie, les trois Écoles nationales de Vierzon, de Voiron et d'Armentières, écoles dont les ateliers et les laboratoires ont non seulement pour but de former des ouvriers habiles et des contremaîtres pour les industries locales de la céramique et du tissage, ainsi que pour l'ensemble des industries plus générales du bois et du fer, mais doivent encore, pour répondre à un des buts de leur création [1], permettre aux industriels et aux ouvriers de la région de trouver les conseils de maîtres autorisés et d'un savoir pratique, ainsi que la libre disposition d'instruments de travail leur permettant d'étudier les perfectionnements qu'ils croiraient pouvoir apporter à l'outillage et aux procédés des industries locales. N'est-ce pas là une conception des plus intéressantes au point de vue social et qu'il est désirable de voir appliquer dans tous les grands centres de production, concurremment avec les musées industriels et commerciaux ?

En résumé, le Ministère du commerce et de l'industrie remplit bien la double mission qui incombe à l'État en fait d'enseignement et surtout en présence de la grande variété de besoins que présente l'enseignement professionnel : ce Ministère crée ou entretient des établissements-types formant des maîtres et des élèves, des ingénieurs, des contremaîtres et des ouvriers; il fixe et applique dans ces établissements des programmes soigneusement étudiés et des méthodes d'enseignement pouvant, les uns et les autres, se plier à certaines exigences locales; enfin il fait mieux encore, peut-être, au point de vue de l'économie sociale. en répartissant libéralement les subventions qu'il peut inscrire à son budget annuel en faveur d'établissements créés et entretenus, non seulement par les départements et les communes, mais encore par l'initiative privée [2]; car c'est sur-

---

[1] Voir le rapport présenté au Ministre de l'instruction publique, le 11 août 1881, au nom de la commission d'études et d'organisation de l'école de Vierzon. — Des services semblables étaient rendus, il y a déjà une quinzaine d'années, par le laboratoire de l'École primaire supérieure de Reims, alors placé sous la direction de M. René Leblanc, aujourd'hui inspecteur général du travail manuel au Ministère de l'instruction publique et des beaux-arts.

[2] La participation du Ministère du commerce et de l'industrie dans les dépenses des divers établissements d'enseignement technique et d'enseignement commercial publics ou privés existant actuellement atteint environ 2,300,000 francs par an, se répartis-

tout des efforts de cette dernière, efforts qu'il appartient à l'État de contrôler et d'encourager, que l'on peut et que l'on doit, dans un pays libre, attendre le relèvement et le perfectionnement de l'outillage industriel.

2° *Ministère de l'agriculture.*

Le Ministère de l'agriculture avait, lui aussi, une exposition toute documentaire de tableaux, de graphiques et de rapports, comprenant de nombreux renvois à l'exposition si complète que ce Ministère avait organisée dans les galeries élevées le long du quai d'Orsay. C'est en effet dans ces galeries, bien plus que dans notre section IV de l'esplanade des Invalides, que l'on pouvait apprécier le développement considérable pris en France, depuis quelques années, par l'enseignement agricole à tous les degrés.

Comme l'enseignement technique, l'enseignement agricole a ses origines lointaines, son histoire, son développement lent d'abord, puis plus accentué depuis un siècle, et enfin mis, à partir de 1875, à la hauteur des besoins de notre époque, et l'on peut suivre ces phases successives, depuis les *missi dominici* et les *Capitulaires* de Charlemagne jusqu'aux professeurs départementaux actuels d'agriculture, dans un fort intéressant rapport présenté au Congrès international d'agriculture de 1889, sous le titre de : *L'enseignement agricole en France,* par M. E. Tisserand, conseiller d'État, directeur de l'agriculture [1].

C'est à la deuxième République et à la loi du 5 octobre 1848 qu'est réellement due la création et l'organisation de cet enseignement agricole en France, par la fondation : 1° de l'institut agronomique (enseignement supérieur théorique), établi d'abord à Versailles; 2° de quatre écoles nationales d'agriculture (enseignement secondaire théorique et pratique), celles de Grignon et de Grandjouan, celle de la Saulsaie (Ain), transférée à Montpellier, et celle de Saint-Angeau (Cantal), aujourd'hui supprimée; enfin 3° de fermes-écoles départementales d'agriculture (enseignement primaire), dont malheureusement le nombre ne dépassa jamais 75, dont quelques-unes prirent des attributions spéciales et dont il ne reste que 17 aujourd'hui.

Le rapport de M. Tisserand donne en outre l'état actuel et un tableau raisonné des établissements d'enseignement agricole existant en France en 1889, tableau qui peut se résumer comme suit :

1° *Écoles d'enseignement scientifique pur* : l'Institut national agronomique de Paris et 3 écoles vétérinaires à Alfort, à Lyon et à Toulouse;

sant en chiffres ronds de la façon suivante : 1,900,000 francs pour l'entretien des établissements dépendant de l'État, et 400,000 francs donnés en subvention à plus de *quatre-vingts* écoles d'apprentissage de garçons ou de jeunes filles, ou écoles commerciales, ou enfin cours commerciaux ou industriels; les unes et les autres créés et entretenus par les départements, les villes ou les chambres de commerce, ou bien par l'initiative privée avec ou sans subvention des départements et des villes.

[1] *Congrès international d'agriculture à Paris, en 1889,* rapports de la section III, p. 3 et suiv. : *L'Enseignement agricole en France.*

2° *Écoles d'enseignement scientifique combiné avec un enseignement pratique donné dans une ferme ou domaine* : 3 écoles nationales d'agriculture (voir plus haut), 1 école nationale d'horticulture, à Versailles, et 1 école des haras, au Pin;

3° *Écoles d'enseignement agricole, théorique et pratique, appropriées aux besoins des jeunes gens appartenant à la petite culture et recevant les enfants à leur sortie des écoles primaires* : 2 écoles pratiques d'agriculture et d'irrigation, 14 écoles pratiques d'agriculture, 2 écoles pratiques d'agriculture et de viticulture, 3 écoles pratiques de laiterie et 2 écoles primaires professionnelles d'agriculture;

4° *Écoles pratiques ou d'apprentissage* : 17 fermes-écoles, 2 bergeries-écoles, 2 magnaneries-écoles, 1 école d'arboriculture, 6 fromageries-écoles et 2 écoles de laiterie pour filles;

5° *Enseignement agricole annexé à des établissements d'enseignement général ou universitaires* : 5 chaires de chimie agricole dans les facultés, 90 chaires d'agriculture départementales organisées par l'État, des cours d'agriculture organisés dans toutes les écoles normales d'instituteurs, 15 cours d'agriculture dans les lycées, collèges et écoles primaires supérieures, enfin l'enseignement agricole *obligatoire* dans les écoles primaires [1];

6° *Établissements de recherches agronomiques* : 47 stations ou laboratoires agricoles dont quelques établissements spéciaux, suivant les régions, à la laiterie, à la brasserie, à la sucrerie, etc., et des champs d'expériences et de démonstrations organisés dans tous les départements.

Comme on le voit par le résumé qui précède, l'enseignement agricole est aujourd'hui fortement organisé en France, surtout à l'état d'enseignement supérieur — on peut même rattacher à cet enseignement supérieur l'école forestière de Nancy — et à l'état d'enseignement secondaire et d'enseignement primaire supérieur théorique et pratique : on doit seulement regretter qu'une trop faible place soit faite aux femmes dans l'enseignement secondaire pratique et surtout, malgré les grands efforts tentés et les succès obtenus depuis quelques années, il faut reconnaître que l'enseignement primaire proprement dit, celui qui doit être donné dans les écoles primaires des campagnes, ne possède pas encore un nombre suffisant de maîtres exercés et que quelques années soient encore nécessaires pour permettre aux cours d'agriculture des écoles normales d'instituteurs et aux chaires d'agriculture départementales de parfaire leur œuvre de diffusion de l'enseignement primaire agricole.

En revanche, si l'on considère le chemin parcouru depuis moins de quinze années et si l'on étudie le budget de l'enseignement agricole, lequel retombe tout entier sur l'État et s'élève aujourd'hui à plus de 4 millions de francs, non compris l'École forestière de Nancy, mais y compris les nombreuses écoles et les cours énumérés ci-dessus [2], on

---

[1] La loi du 16 juin 1879 a rendu obligatoire, dans les écoles normales et dans les écoles primaires, l'enseignement de l'agriculture.

[2] En 1875, le budget de l'enseignement agricole et vétérinaire n'était que de 1,891,000 francs (E. Tisserand, *rapport cité*).

voit qu'il y a lieu de se féliciter des grands progrès déjà accomplis et de ceux en voie de prochaine réalisation.

3° Préfecture de la Seine (Direction de l'Enseignement et Direction de l'Assistance publique).

Ce sont de fait, sous la même rubrique, deux grands prix que le jury du groupe de l'Économie sociale a accordés à la PRÉFECTURE DE LA SEINE, l'un pour ses établissements d'enseignement professionnel qui ne sont pas toujours dépourvus d'œuvres d'assistance[1], et l'autre pour ses institutions d'assistance publique dans quelques-unes desquelles l'enseignement tient une place considérable[2].

a. DIRECTION DE L'ENSEIGNEMENT.

La Préfecture de la Seine peut, en effet, grâce aux ressources considérables que les contributions de la Ville de Paris mettent à sa distribution, tenter sur une grande échelle les expériences les plus intéressantes, aussi bien en fait d'enseignement qu'en fait d'assistance, et appliquer les données de l'enseignement à compléter les œuvres d'assistance, et les données d'assistance à assurer le succès des œuvres d'enseignement. Mais nous avons déjà signalé, dans notre aperçu de l'enseignement technique en France de 1878 à 1889[3], la grande part qui revient à la Ville de Paris et à son Conseil municipal, ainsi qu'au Conseil général de la Seine[4], dans le développement des écoles professionnelles de garçons et dans la création des écoles ménagères et professionnelles de jeunes filles, ainsi que dans l'extension des ateliers de travail manuel dans les écoles primaires[5]; de plus, le Conseil général et le Conseil municipal subventionnent à l'envi

---

[1] Nous rappellerons ici les nombreux avantages accordés aux élèves des écoles municipales professionnelles de jeunes garçons et de jeunes filles de la Ville de Paris : gratuité complète de l'écolage, des fournitures scolaires et des matériaux servant à l'apprentissage; bourses de déjeuner et de goûter, et même bourses de séjour destinées à indemniser les parents de l'argent que pourrait rapporter au logis l'enfant mis en apprentissage ou mieux en service dans un atelier; enfin livrets de caisse d'épargne donnés en récompense des efforts des élèves et, de plus, pour les garçons, boîtes d'outils nécessaires à l'exercice de la profession embrassée.

[2] Quatre écoles professionnelles situées hors Paris, l'école d'horticulture de Villepreux (Seine-et-Oise), l'école d'ébénisterie et de typographie de Montévrain (Seine-et-Marne), et l'école typographique d'Alençon (Orne) pour les garçons, ainsi que l'école professionnelle d'Yzeure (Allier) pour les jeunes filles, relèvent de l'administration générale de l'Assistance publique.

— Voir plus haut, VIII, *l'Enseignement technique en France de 1878 à 1889.*

[3] Voir plus haut, VIII, *l'Enseignement technique en France de 1878 à 1889.*

[4] Les écoles municipales professionnelles de la Ville de Paris sont, en effet, ouvertes aux enfants des communes du département de la Seine, moyennant une indemnité d'écolage fixée à environ 200 francs, indemnité souvent représentée, en cas d'insuffisance de ressources des parents, par une bourse de même somme votée par le Conseil général.

[5] Voir plus haut, VIII, *l'Enseignement technique en France de 1878 à 1889,* ce qui concerne l'introduction des ateliers de travail manuel et de salles de coupe dans les écoles communales de garçons et de jeunes filles. De plus, récemment de véritables classes de cuisine, organisées d'une façon très pratique, ont été ouvertes dans les principales écoles de jeunes filles de chaque arrondissement de Paris.

toutes les institutions libres d'enseignement ou d'assistance qui s'efforcent d'améliorer
le sort de l'enfance, tant à Paris que dans le département de la Seine. Aussi ne revien-
drions-nous pas sur ce sujet connu de tous, si nous ne croyions nécessaire d'attirer
l'attention, au point de vue de l'économie sociale, sur la multiplication de plus en plus
indispensable des *écoles d'apprentissage à la fois ménagères et professionnelles de jeunes filles,*
et sur le programme à imposer à ces écoles. Là est un côté trop important de la question sociale toujours ouverte, pour qu'il ne nous soit pas permis de transcrire ici ce
que nous écrivions en 1880 sur ce même sujet toujours d'une réelle actualité, en
annexe au rapport adressé à M. le Préfet de la Seine par M. le sénateur Henri Tolain :

La question de l'apprentissage pour les jeunes filles soulève moins de problèmes relatifs aux programmes et aux bâtiments scolaires que celle, si complexe et si diverse, de l'apprentissage à donner
aux garçons ; elle peut même, quant à présent, se résumer en un seul programme général entraînant
une même disposition dans les bâtiments qui seraient affectés aux écoles d'apprentissage pour les
jeunes filles ; mais, en revanche, cette question touche à une donnée des plus élevées, celle du maintien et du développement de la vie de famille, cette source primordiale du bonheur d'une nation, ce
précieux gage de stabilité de son état social.

La prospérité morale et matérielle de la classe ouvrière qui, prise dans son ensemble, est de toutes
la plus nombreuse et la plus laborieuse, se trouve, en effet, intimement liée au rôle domestique que
la femme, considérée comme jeune fille, épouse ou mère, plus encore que comme ouvrière, doit
remplir dans l'intérieur de la maison ; aussi faut-il regarder l'apprentissage à donner à la jeune fille
comme devant, dans la plupart des cas, la mettre à même de répondre plus tard à deux nécessités :
la première, celle de tenir avec économie son ménage et de donner avec intelligence à son mari et à
ses enfants tous les soins qu'ils sont en droit d'attendre d'elle ; la seconde, celle de vivre du gain de
son travail, de se suffire, en un mot, si elle reste un jour isolée, ou, dans le cas contraire, et ce doit
être le plus fréquent, si elle est mariée, d'ajouter aux ressources parfois insuffisantes et aléatoires,
que procure le travail de l'homme, le produit de son travail personnel.

De là, deux grandes bases de l'éducation de la jeune fille et par suite du programme d'enseignement de l'établissement où elle doit, toutes les fois qu'elle le pourra, compléter son éducation au sortir de l'école primaire, et de ces deux bases fondamentales, dérivent deux parties bien distinctes de
cette éducation : l'une, qui touche aux soins du ménage et à la vie de famille, doit être la même pour
toutes les élèves et doit leur être imposée à toutes ; c'est l'*éducation* que l'on peut appeler *ménagère ;*
l'autre, qui touche le plus souvent à la vie extérieure, qui peut se subdiviser en autant de ramifica-
tions que le comporte la diversité du travail féminin dans une ville comme Paris et qui, par conséquent, peut se spécialiser à l'infini ; celle-là constitue l'*instruction professionnelle* [1].

La question de l'enseignement du dessin est aussi une des questions qui ont le plus
attiré depuis quinze années l'attention de la direction de l'enseignement de la Préfecture de la Seine et aussi du Conseil municipal. Beaucoup a été fait dans cette voie où
nombre de tentatives des plus louables ont été couronnées de succès. Un personnel de
maîtres et de maîtresses ayant passé de difficiles examens dans lesquels le côté artistique
n'exclut pas une certaine science pédagogique, un choix plus judicieux de modèles (lesquels
cependant manquent encore un peu de variété), des salles de dessins spacieuses et con-

---

[1] *Rapport cité, annexe D,* p. 28-29.

venablement éclairées ainsi qu'un matériel ne laissant rien à désirer : tels sont les éléments mis de nos jours, dans les écoles communales primaires, à la disposition de l'enfant parisien des deux sexes pour le familiariser avec la science de bien voir les objets et l'art de les reproduire intelligemment ; enfin des cours supérieurs spéciaux appropriés aux besoins de certaines professions, et deux écoles d'art industriel placées sous les auspices de Bernard de Palissy et de Germain Pilon, écoles dont les programmes suivent de près les programmes des écoles nationales des arts décoratifs : tout cela constitue un ensemble auquel il manque bien peu pour être parfait et encore ce peu nous est-il assuré au premier jour. Nous voulons parler de la continuité des leçons élémentaires de dessin dans tout le cours de la vie scolaire de l'enfant parisien, leçons commencées aujourd'hui avec grande ingéniosité dès l'école maternelle, mais subissant une courte interruption à son entrée à l'école primaire pour n'être reprises, peut-être d'une façon alors trop savante, que dans le cours moyen et terminées dans le cours supérieur.

C'est là, au reste, une petite lacune qui sera bientôt comblée[1], et les visiteurs de l'Exposition universelle qui ont étudié avec soin la vaste collection de dessins de genres si différents exposés par les élèves des écoles primaires de la Ville de Paris, de ses cours supérieurs et de ses écoles professionnelles de garçons et de jeunes filles, surtout si ces visiteurs ont bien voulu se rappeler le chemin parcouru depuis quinze années, ont dû être étonnés et en même temps enthousiasmés de tant d'efforts tentés et de tant de résultats obtenus dans l'enseignement d'un art si intimement lié à la supériorité de notre industrie nationale.

Nous aurions encore quelques observations à faire, non tant sur le programme des écoles professionnelles ou d'apprentissage de la Ville de Paris que sur le mode de recrutement de leurs élèves chez lesquels des expériences, poursuivies plusieurs années, nous ont permis de constater, lors de leur entrée à l'école professionnelle, une réelle insuffisance de préparation en face de l'enseignement peut-être un peu trop complexe qu'ils y venaient chercher ; mais c'est là une question secondaire, inhérente à l'application de tous les nouveaux programmes et à laquelle le temps seul peut apporter le remède qui convient.

b. Direction de l'Assistance publique.

Plus peut-être que toute autre grande institution, l'administration générale ou direction de l'Assistance publique rentrait dans le programme de la section IV de l'exposition d'Économie sociale et lui appartenait au double titre d'œuvre de patronage et d'œuvre d'enseignement. Le directeur de l'Assistance publique est, en effet, toujours

---

[1] La direction de l'enseignement prépare en effet les programmes et un horaire destinés à faire cesser cette fâcheuse interruption et à assurer à l'enseignement du dessin la même continuité qu'à l'enseignement des autres matières fondamentales de l'instruction primaire.

le tuteur moral et, dans nombre de cas, le tuteur effectif de milliers d'enfants du département de la Seine; il a charge de leur corps et de leur âme et nulle part au monde ne pèse, aussi directement sur un même fonctionnaire, une responsabilité égale à celle qui résulte du *Service des enfants moralement abandonnés* [1]. La loi même du 24 juillet 1889, promulguée pendant l'Exposition, proclamant dans certains cas la déchéance de la puissance paternelle et organisant la protection de mineurs placés en assistance avec ou sans l'intervention des parents, cette loi augmente encore, en les affermissant et en leur donnant une nouvelle sanction légale, les attributions de l'Assistance publique [2].

Or que fait l'Assistance publique des enfants ainsi remis à ses soins? Elle les place, moyennant pension, dans des familles ou dans ses dépôts de Troyes et de Moulins, en attendant leur mise en apprentissage, soit chez des particuliers, soit dans des écoles professionnelles [3].

Mais les écoles départementales professionnelles de Villepreux, de Montévrain, d'Alençon, pour les garçons, et celle d'Yzeure pour les jeunes filles, écoles relevant de la direction de l'Assistance publique, ne présentent guère, sauf la condition forcée de l'internat, de grandes différences dans le programme des études et des travaux manuels avec les écoles municipales professionnelles de Paris et, dans l'œuvre à la fois de patronage et d'enseignement que poursuit l'Assistance publique de la Seine, il est un côté peut-être moins connu et plus intéressant à relever que celui de l'école professionnelle, c'est celui du placement des enfants par groupes ou isolément, chez des petits patrons, à l'aide des agences départementales.

Les rapports de M. le Directeur de l'Assistance publique contiennent, en effet, au sujet de la condition morale de ces apprentis, de précieux détails qui montrent bien que lorsque le patron sait recréer à l'enfant, au sein de son propre foyer, une famille qui remplace celle qu'il a perdue ou à laquelle il a été justement enlevé; lorsque ce même patron sait lui apprendre son état sans le traiter en domestique et, n'ayant qu'une table, sait associer, comme autrefois, l'apprenti aux joies de la famille, cet apprenti ne désire plus quitter cette nouvelle famille et ce pays où il s'est élevé et parfois régénéré et, même après avoir été rapatrié dans son département et rendu à sa véri-

[1] Ce service ne comprenait pas moins de *trois mille enfants* répartis dans les agences, les écoles professionnelles et l'hospice, lors de la promulgation de la loi du 24 juillet 1889.

[2] Aussi en vue de l'application de cette loi du 24 juillet 1889, le service des enfants moralement abandonnés a-t-il pris le titre plus exact de *Service des enfants maltraités ou moralement abandonnés*.

[3] Au 31 décembre 1889, les placements étaient — sur 3,217 enfants, parmi lesquels environ 1,000 jeunes filles — répartis de la manière suivante : 1° enfants placés moyennant pension, en attendant leur mise en apprentissage, 1,023; 2° enfants placés en apprentissage isolément, 1,476; 3° enfants placés en apprentissage par groupes, 299; 4° enfants placés dans les écoles professionnelles de Villepreux, de Montévrain, d'Alençon et d'Yzeure, 268; 5° enfants placés dans des établissements divers, 56; 6° enfants traités dans les hôpitaux, à Berck et à Saint-Brelade, 52; 7° enfants placés en préservation, 29; 8° enfants restant à l'hospice, 14. (D'après le *rapport* adressé au Préfet de la Seine, le 15 octobre 1890, Montévrain, in-4°.)

table famille, il revient à sa famille et à son pays d'adoption, en justifiant ainsi pleinement par sa conduite les sacrifices qui ont été faits pour lui.

II. École nationale des arts décoratifs de Paris et Écoles nationales des arts décoratifs de Limoges et d'Aubusson.

(Directeur : M. Louvrier de Lajolais.)

Nous avons dit plus haut, en essayant de décrire la physionomie de la section IV, le charme apporté à l'ensemble de cette section par quelques œuvres d'art qui lui donnaient une note toute particulière et nous avons cité, parmi ces œuvres d'art, les dessins d'exécution aux colorations puissantes, les pièces de céramique blanches ou décorées et les fragments de tapisserie dus aux élèves des Écoles nationales des arts décoratifs de Paris, de Limoges et d'Aubusson.

Nous croyons que quelques mots sont indispensables ici, non pour justifier le grand prix qui, pour ces trois Écoles et leur vaillant directeur, M. Louvrier de Lajolais, est venu s'ajouter aux deux grands prix et à la médaille d'or que ces Écoles ont obtenus dans la classe V *bis* (enseignement du dessin); mais pour essayer de mettre en lumière les services réels que de semblables écoles, fortement organisées et bien conduites, peuvent et doivent rendre, relativement à peu de frais, aux industries d'art.

Nous ne nous étendrons pas sur le passé, aujourd'hui plus que centenaire, de l'École nationale des arts décoratifs de Paris [1], celle qui fut si longtemps appelée *la petite École,* un peu, il est vrai, pour la distinguer de l'École nationale des beaux-arts à laquelle elle a parfois fourni des élèves bien préparés qui en sont sortis lauréats du grand prix de Rome [2], mais aussi peut-être un peu à cause de sa défectueuse installation.

Et cependant on pourrait presque se demander ce que signifient une défectueuse installation, le manque absolu d'ateliers techniques dans l'École, la réduction à quelques moulages officiels de collections indispensables qui devraient constituer un remarquable musée d'enseignement, l'absence même de place pour mettre en valeur les morceaux primés des grands concours annuels; on se demande ce que signifie toute

---

[1] C'est en 1766 qu'un membre de l'Académie royale de peinture, Bachelier, fit comprendre au lieutenant de police, M. de Sartines, combien serait utile au commerce parisien une fondation pour les ouvriers d'art. Il fit appel à la générosité d'intelligents amateurs, si nombreux alors, et obtint, avec le prêt d'un local, la permission d'ouvrir à ses risques et périls, une école où tous les enfants et apprentis des artistes industriels pourraient apprendre gratuitement les premiers éléments du dessin. Il avait une foi absolue dans son entreprise et il réussit dès la première année. L'État s'empressa de consacrer officiellement, dès 1767, l'école publique et gratuite de dessin, d'abord rue Saint-André-des-Arts, puis dans l'amphithéâtre de chirurgie de Saint-Côme où elle est encore aujourd'hui. — Extrait du discours de M. Bardoux, sénateur, prononcé le 20 juillet 1891 à la distribution des prix de l'École.

[2] Pourtant cla devise en latin inscrite au xviii siècle, sur le marbre de l'École gratuite de Bachelier, vent dire : *Ici n'est pas l'école du peintre et du sculpteur; nos ateliers ne s'ouvrent qu'à l'ouvrier seulement.* — Extrait du discours de M. Bardoux, cité ci-dessus.

cette indigence déplorable dans des bâtiments menaçant ruine, quand, comme nous, on a pu constater, depuis 1855 [1], la grande somme de travail dépensé, d'ingénieuses recherches et de résultats acquis prouvés par les expositions annuelles de cette École.

Car, on ne saurait trop le répéter, il y a dans ce petit coin de Paris, appartenant autrefois à la région occidentale de l'Université, étranglé aujourd'hui entre la rue de l'École-de-Médecine et la rue Racine, menacé chaque jour de démolition pour l'agrandissement des services multiples de la Faculté de médecine; il y a là un foyer de vitalité intellectuelle, une intuition parfaite des besoins de notre époque, laquelle veut, et c'est son honneur, de l'art dans l'industrie en même temps et au même titre que de l'industrie dans l'art; il y a là une école toute spéciale dont les maîtres (des artistes arrivés pour la plupart) sont dévoués à la formation de leurs élèves et des élèves, cependant bien parisiens, qui aiment et respectent leurs maîtres; il y a enfin un directeur qui communique à tous la fièvre de progrès, le besoin de *toujours en avant* qui le brûle et, à cause de tous ces heureux éléments, on y obtient assez facilement et d'une façon régulièrement suivie des résultats merveilleux.

Chose curieuse, dans cette École, on apprend à dessiner, pour soi d'abord, puis pour tout le monde ensuite; car tout le monde profite du travail de l'École : c'est ainsi que la Chambre syndicale de la passementerie demandera un jour un modèle pour ces lourdes broderies dorées qui surchargent les corsages féminins et que, le lendemain, une autre chambre syndicale demandera un modèle de bouton ciselé de deux grandeurs pour garniture de robe et de manteau; une année, le sujet du grand concours en loges sera un dessin de ces doubles rideaux avec lambrequins et embrasses que les tapissiers excellent à combiner si lourdement pour interdire l'entrée du jour et de l'air dans nos appartements; une autre année, ce sera un plat historié que ne désavouerait pas Bernard Palissy ou Deck; puis un appareil lampadaire alternant avec une coupe de récompense, des panneaux décoratifs avec relief et coloration, enfin tout ce que notre art de l'ameublement et du costume, tout ce que nos industries de luxe et tout ce que nos fantaisies peuvent demander à l'artisan doublé d'un artiste de concevoir et d'exécuter.

En effet, l'École nationale des arts décoratifs de Paris voit au moins réaliser une partie des dessins qu'elle conçoit, ceux pour les œuvres de céramique et les œuvres de tapisserie : un ingénieux rattachement met à sa disposition les ateliers techniques des Écoles, conçues sur le même programme, de Limoges et d'Aubusson, écoles qui sont, elles aussi, placées sous la direction de M. Louvrier de Lajolais [2], mais qui possèdent ce qui manque à leur sœur aînée de Paris, l'une, des ateliers où l'on peut tourner, cuire et décorer une pièce de céramique; l'autre, des ateliers où l'on peut tisser et teindre

---

[1] On nous permettra de rappeler que nous avons été inscrit à l'École dans l'hiver de 1855-1856 au moment où nous nous préparions à entrer à l'École des beaux-arts et que, depuis, nous avons toujours suivi ses expositions annuelles.

[2] Depuis cette année 1891, l'École nationale de dessin de jeunes filles a été, elle aussi, placée sous la direction supérieure de M. Louvrier de Lajolais, avec M. Paul Collin pour sous-directeur.

les fils d'une tapisserie. N'est-ce pas là un exemple d'ingénieuse décentralisation et ne faut-il pas féliciter la Direction des beaux-arts et le Ministère de l'instruction publique d'avoir compris, à une époque où tout enseignement théorique doit se doubler d'une application pratique, qu'il fallait rattacher à l'École spéciale de dessin de Paris des écoles-ateliers pouvant, grâce à la première, exercer une heureuse influence sur les productions de la céramique et de la tapisserie dans les centres même où fleurissent ces industries?

De plus, ces Écoles, à la fois professionnelles et d'apprentissage, de Limoges et d'Aubusson, ont, ce qui manque encore à l'École de Paris, des musées spéciaux d'art décoratif annexés à leurs salles de cours et à leurs ateliers de fabrication et, si le musée d'Aubusson n'a pas toute l'importance qu'il acquerra par la suite, le musée de céramique de Limoges, faisant corps avec l'École et dû en partie à la munificence de feu Dubouché dont il porte le nom, comprend, dans ses 8,000 pièces, des spécimens bien choisis de tous les genres, de toutes les époques et de toutes les nationalités de la céramique, auxquels viennent s'ajouter, chaque année, quelques pièces hors ligne récompensées à la suite de concours et dues à la collaboration des deux Écoles de Paris et de Limoges.

Dernier fait à noter et du plus haut intérêt pour l'avenir de notre industrie française : de même que les musées-écoles de Bavière et d'Autriche-Hongrie[1], les musées d'art décoratif de Limoges et d'Aubusson sont accessibles aux ouvriers de l'industrie privée qui y trouvent non seulement de remarquables modèles dont ils peuvent s'inspirer, mais encore les précieux conseils de professeurs autorisés.

III. Société de protection des apprentis et des enfants employés dans les manufactures.

OEuvre fondée à la suite de l'Exposition universelle de 1867 par l'illustre chimiste Jean-Baptiste Dumas et présidée aujourd'hui par M. Léon Say, la Société de protection des apprentis et des enfants employés dans les manufactures, reconnue dès son origine comme établissement d'utilité publique, est, quoique due entièrement à l'initiative privée, un établissement d'utilité publique au premier chef. Cette Société s'est donnée pour mission, soit d'étudier la loi et d'en éclairer la mise en pratique, grâce à un comité judiciaire composé d'éminents jurisconsultes; soit d'en faciliter et d'en encourager l'application, grâce à des comités de publication et d'enseignement, de placement des apprentis et des récompenses et surtout grâce au patronage incontesté qu'elle exerce, par toute la France, sur toutes les sociétés qui s'efforcent, à son exemple, de venir en aide à l'enfance ouvrière.

Rien de plus réconfortant, dans notre organisation sociale si divisée et si inquiète

---

[1] Voir deux rapports de M. Ed. Saglio au Ministre de l'instruction publique et aussi ceux de M. Marius Vachon, à la suite de missions en divers pays de l'Europe.

du lendemain, que les fêtes bisannuelles fondées par cette grande Société de protection, fêtes dans lesquelles patrons, contremaîtres, ouvriers et apprentis viennent, sur la même estrade et dans une réelle communion des mêmes sentiments, entendre la bonne parole, celle qui fait germer et développe l'honnêteté dans les cœurs, et recevoir une récompense d'autant plus précieuse que, pour beaucoup d'entre eux, elle est la seule accordée aux mérites dont chaque jour, pendant de longues années, ils font preuve dans leur sphère modeste. Il faut ajouter que, comme nous le verrons ci-dessous au sujet du Bureau d'éducation des États-Unis, à Washington, bureau qui étudie les œuvres d'enseignement qui se créent dans le monde entier, la Société de protection des apprentis analyse, dans ses Bulletins [1], toutes les œuvres relatives à la protection de l'enfance qui naissent en France, les met en lumière et facilite ainsi la création d'œuvres nouvelles qui viennent augmenter chaque jour son champ d'action et la somme considérable de services qu'elle rend au pays.

§ 2. ÉTRANGER. — I. ÉTATS-UNIS : *DEPARTMENT OF THE INTERIOR, BUREAU OF EDUCATION,*
À WASHINGTON.

Les États-Unis étant peut-être, avec la Suisse, le pays du monde le plus favorisé au point de vue des établissements d'instruction de tous les degrés et le Gouvernement fédéral se gardant bien de toute ingérence dans la direction de ces nombreux établissements, publics ou privés, si divers par leur origine et par leur constitution, qui distribuent si libéralement cette instruction, il fallut cependant instituer, entre tous ces établissements, un agent central les reliant les uns aux autres, mais seulement pour les éclairer sur les avantages ou les inconvénients de telle ou telle méthode, sur l'excellence ou sur les défectuosités de tel ou tel matériel spécial et enfin sur les résultats obtenus, souvent par des procédés bien différents, aux extrémités si éloignées des États composant la vaste Union de l'Amérique du Nord.

Or cet agent central n'est autre qu'un simple *bureau* dit *d'éducation*, établi à Washington, sous la direction du Ministère de l'intérieur, et centralisant, pour les livrer annuellement à la plus large publicité, les rapports plus ou moins étendus marquant les étapes parcourues pour chaque degré d'instruction dans tous les États de l'Union.

On conçoit l'intérêt que peuvent présenter, d'abord pour les Américains du Nord mais aussi pour tous les adeptes de l'enseignement, les publications du Bureau central de Washington, surtout si on considère que ces publications ne restreignent pas leur champ d'investigations aux seuls États-Unis et que, de temps à autre, dans des proportions différentes mais toujours suffisantes, les rapports annuels du commissaire de

[1] Les *Bulletins de la Société de protection des apprentis et des enfants employés dans les manufactures,* publiés depuis vingt-quatre années, par fascicules trimestriels, sous la direction des secrétaires de la Société : MM. Jules Périn, Ernest Nusse et Léon Durassier, constituent une véritable encyclopédie méthodique des institutions, officielles ou autres, créées dans l'intérêt de l'enfance ouvrière.

IMPRIMERIE NATIONALE.

l'Éducation [1] au secrétaire ministre du Département de l'intérieur [2] sont suivis d'annexes relatives à telle ou telle branche d'enseignement en cours de développement dans les pays étrangers, non seulement d'Europe mais même de l'Extrême Orient [3].

En outre, à côté de copieux volumes consacrés à ces rapports annuels et à leurs annexes [4], le Bureau d'éducation saisit toutes les occasions qui se présentent de publier à l'Imprimerie du Gouvernement et de distribuer franco aux intéressés nationaux et à ses nombreux correspondants du monde entier des études spéciales, telles que : *Compte rendu du Congrès international des instituteurs tenu en 1885, à l'occasion de l'Exposition universelle de la Nouvelle-Orléans; Art et industrie, le dessin dans les écoles publiques des États-Unis, d'Angleterre et des divers États de l'Europe; Histoire des divers degrés d'instruction dans les différents États de l'Union*, etc., études toujours accompagnées de documents positifs, basés sur des tableaux de statistique, ainsi que parfois d'emprunts faits à la législation ou à l'organisation de l'enseignement dans les pays étrangers.

De telles publications existent certainement, sous des formes différentes, dans les départements ministériels de tous les pays civilisés et nous n'ignorons pas qu'en France notamment, de semblables documents, revêtant parfois un caractère beaucoup plus luxueux, ne soient édités à grands frais par le Ministère de l'instruction publique et des beaux-arts; mais nous chercherions vainement, croyons-nous, dans les documents de cette nature édités en France et distribués moins libéralement aux intéressés français et étrangers, le souci du détail, la comparaison des mêmes méthodes appliquées dans des provinces différentes, et enfin, cette liberté d'action laissée dans une sage mesure à l'initiative des membres du corps enseignant, liberté, qui fait de l'instruction publique aux États-Unis un miroir aux reflets divers, mais donnant toujours une image exacte de l'esprit et des besoins de la nation.

II. Grande-Bretagne : *City and Guilds of London,
Institute for the advancement of technical Education.*

Parmi tant d'œuvres intéressantes tentées en Angleterre en dehors de l'action gou-

---

[1] Depuis l'année 1880, les commissaires du Bureau d'éducation de Washington ont été successivement MM. John Eaton et N. H. R. Dawson.

[2] Ce dernier, soumis aux fluctuations de la politique, se borne à contresigner parfois de son nom, mais le plus souvent de son titre, le rapport du commissaire de l'éducation.

[3] C'est ainsi que, dans ces annexes, à côté de documents concernant la Grande-Bretagne, lesquels tiennent une grande place, on trouve des données assez exactes sur les progrès accomplis dans l'enseignement professionnel, par la France, depuis dix années et un résumé des efforts tentés par le Gouvernement du Japon, pour développer, dans ce pays, l'instruction publique sur des bases et dans des cadres quelque peu empruntés aux nations occidentales.

[4] Ces volumes comprennent généralement 1,200 pages imprimées en petits caractères, dont 300 pages consacrées au rapport proprement dit, servant d'exposé et de résumé général, et 900 pages affectées aux annexes, lesquelles sont composées de rapports adressés de divers États de l'Union et parfois de nations étrangères et souvent accompagnés de tableaux statistiques et d'illustrations toujours suffisantes quoique d'une extrême simplicité.

vernementale proprement dite, une des plus importantes est, sans contredit, *l'Institut créé par la Cité et les Corporations de Londres en faveur du développement de l'enseignement technique,* institut dont l'influence s'étend à tout le Royaume-Uni [1], grâce à l'exemple donné, à l'envoi de programmes, à l'institution de commissions d'examen [2] et parfois aussi grâce à de larges subventions [3].

Remontant à 1876 et ayant pour président-fondateur et patron S. A. R. le prince de Galles, l'Institut, aujourd'hui magnifiquement installé dans un remarquable édifice inauguré en 1884, à l'ouest de Londres, en face du Musée de South Kensington, eut des commencements fort modestes.

Le premier noyau de cette œuvre, aujourd'hui si florissante, fut une *École d'art technique,* installée dans le Sud de Londres où elle engloba l'École de dessin de Lambeth, en y ajoutant quelques ateliers destinés à la gravure sur bois et à la décoration intérieure. Mais, quoique sur une échelle très restreinte, cette école renfermait, à l'état embryonnaire, les éléments qui devaient, par leur développement rapide, aboutir à la grandiose institution qui est comme le ministère libre des arts industriels de la Grande-Bretagne.

La seconde étape de l'œuvre fut le *Collège technique de Finsbury,* d'abord composé de classes de chimie et de physique appliquées, classes tenues, à l'origine, dans les écoles moyennes de Cowper-Street, mais aujourd'hui installées sous forme d'un collège de science appliquée, à Finsbury.

Enfin, l'Institut prit possession, en 1884, du *Nouveau collège central technique de South-Kensington,* édifice aux masses imposantes et classiques, mais dont les détails d'ornementation, d'une grande originalité, sont inspirés des styles, vraiment nationaux en Angleterre, de l'ère des Tudor et de la reine Élisabeth.

Le corps principal de cet édifice, celui qui s'élève en façade, a cinq étages, dont un sous-sol occupant tout le terrain et éclairé en partie par un large saut-de-loup, un rez-de-chaussée, un premier et un deuxième étage, et un étage de comble.

Dans le sous-sol, sont des salles avec supports isolés, reposant sur de profondes fondations, afin de servir aux expériences de physique les plus délicates : à cet étage se trouvent aussi les vastes ateliers (en partie éclairés par le haut) du travail manuel pour le bois et pour le fer, pour la mécanique

---

[1] C'est à l'action de cet Institut de Londres qu'est due la création, à Belfast (Irlande), d'une école industrielle pour le tissage et la teinture de la toile, ainsi que pour l'application de la mécanique à l'industrie.

[2] Des tables analytiques, accompagnant les rapports annuels du Conseil de l'Institut, établissent qu'en 1889 520 classes étaient ouvertes dans 113 villes et suivies par 11,874 élèves, sur lesquels 6,666 prirent part à l'examen et 3,532 le passèrent avec succès. Outre les récompenses décernées par l'Institut, des prix en argent d'une valeur totale de 220 livres sterling (5,500 francs) et des médailles sont offerts annuellement aux plus brillants élèves par les corporations de la Cité, en tête desquelles celle des drapiers se distingue par sa libéralité.

[3] En dehors de l'*Institut central,* du *Collège technique de Finsbury* et de l'*École d'art technique du Sud de Londres,* établissements placés sous sa dépendance immédiate, l'Institut, outre les dépenses que lui occasionnent les classes ou cours et les commissions d'examen d'enseignement technique, donne annuellement 1,150 livres sterling (28,750 francs) à cinq établissements, dont quatre à Londres et un à Middlesborough, rentrant dans le but de son institution.

et la métallurgie, la chambre de la machine à vapeur, un grand lavabo avec dépendances et vingt-huit celliers.

Au rez-de-chaussée, le vestibule d'honneur et les salles consacrées à l'enseignement de la physique, de la mécanique et des mathématiques, ainsi que deux grands amphithéâtres rectangulaires (avec salles de préparateurs) destinés aux lectures publiques de physique et de chimie.

Le premier étage reçoit l'administration et comprend une belle salle de conseil, ainsi que le complément des salles consacrées à la physique.

Au second étage, la chimie règne en souveraine, laissant cependant une assez grande partie de l'étage pour les salles consacrées à l'enseignement de l'art et de ses applications.

Enfin, un vaste musée, un grand laboratoire de chimie et quelques services accessoires se partagent les combles.

Un grand escalier central et deux autres moins importants desservent une vaste galerie sur laquelle s'ouvrent toutes les salles du bâtiment principal et qui assure ainsi une facile communication entre tous les services.

Mais ce qui recommande surtout cet édifice, c'est que, grâce aux efforts combinés de toutes les sommités de l'enseignement technique de Londres, on peut le considérer comme résumant tous les progrès faits récemment par les Anglais dans cet ordre d'enseignement, en même temps que le talent, si complet dans sa variété, de son auteur, M. Alfred Waterhouse, en a fait une page architecturale destinée à marquer dans l'histoire de l'art anglais contemporain [1].

Il était difficile au jury de ne pas étudier, en même temps que l'Institut de la Cité et des corporations de Londres, le *Conseil des écoles de Londres,* conseil métropolitain fondé par l'*Acte d'éducation élémentaire de 1870,* et dont les membres ont pour devoir de s'assurer que les enfants âgés de 6 à 13 ans peuvent suivre et suivent régulièrement l'école ressortissant du Conseil ou une école libre établie dans leur voisinage, et aussi de remédier aux imperfections des écoles anciennes et d'amener, partout où besoin est, la création d'écoles nouvelles.

C'est ce Conseil qui, avec l'autorisation du Département de l'éducation, administre un revenu annuel de 1,700,000 livres sterling (42,500,000 francs) dont les deux tiers proviennent de *percepts* ou sommes dues pour droit d'écolage par les autorités locales. Le nombre des écoles que le Conseil patronne est actuellement de 404, en augmentation de 145 sur le nombre des écoles qu'il administrait en 1870. Le secrétaire du Conseil est M. J. H. Croad, auquel le jury a décerné une *médaille d'argent* à titre de collaborateur de cette œuvre d'une si féconde portée [2].

III. Russie. *Commission de l'enseignement technique de la Société impériale polytechnique,* à Saint-Pétersbourg.

(M. E. d'Andréeff, ancien président-fondateur.)

Le rôle joué en France par l'initiative privée depuis le commencement de ce siècle,

[1] Ch. Lucas, l'*Institut royal des architectes britanniques,* Paris. 1885, in-8°.

[2] D'après le *Handbook to London* spécialement composé pour les membres du 7ᵉ Congrès international d'hygiène et de démographie, Londres, 1891, in-12.

et surtout depuis les évolutions de 1830, de 1848 et de 1870, pour la création et le développement de l'enseignement libre distribué gratuitement, rôle assumé en partie par de puissantes sociétés ou associations dont quelques-unes figurent à juste titre parmi les exposants et les lauréats de la section d'apprentissage; ce rôle, tout d'intelligent dévouement et d'une si grande portée sociale, fut, à l'origine, en Russie, presque entièrement du ressort de la Société impériale polytechnique de Saint-Pétersbourg, et plus particulièrement de la Commission de l'enseignement technique de cette Société, commission créée en 1868.

Cette Commission s'occupe, en effet, depuis vingt années, de la recherche et de l'application de tous les moyens d'instruire les enfants et les adultes des deux sexes, en même temps que, par l'étude simultanée de questions de bienfaisance et de législation, elle ne laisse, en dehors de la vaste mission qu'elle s'est imposée, aucune des données, si multiples à notre époque, qui concernent l'enfance ouvrière.

C'est en 1876, lors de l'Exposition internationale d'hygiène et de sauvetage ouverte à Bruxelles, que furent révélés aux hommes d'enseignement les efforts tentés sur plusieurs points de l'immense empire russe, par la Société impériale polytechnique de Saint-Pétersbourg, et les savants qui ont alors suivi les discussions du Congrès international d'économie sociale tenu pendant cette exposition, peuvent se rappeler le précieux contingent d'ingénieuses solutions préconisées alors par plusieurs délégués russes à la tête desquels se trouvait M. le professeur d'Andréeff, président-fondateur de la Commission de l'enseignement technique de la Société de Saint-Pétersbourg et président de section du Comité organisateur russe, à l'Exposition de Bruxelles[1].

Depuis treize ans, les institutions diverses, écoles, patronages, sociétés d'aide mutuelle, fondées en Russie, ont pris une grande extension, surtout les ateliers de travaux manuels et les sections d'apprentissage dans les écoles destinées aux ouvriers des deux sexes, et ces heureux résultats furent surtout dus à l'énergie développée dans cette branche d'enseignement par M. le professeur d'Andréeff; malheureusement, cet apôtre de l'instruction populaire est mort à la peine au moment où, en l'élevant à la vice-présidence du jury des récompenses, ses collègues saluaient, en l'ancien professeur libre devenu un véritable personnage officiel de l'empire russe, un de ces hommes d'élite, passionnés du devoir, qui croient que rien n'est fait tant qu'il reste quelque chose à faire et que c'est par l'instruction, libéralement répandue à tous les degrés, qu'un peuple conquiert et conserve une place honorable parmi les autres peuples.

[1] Voir *Les institutions pour l'amélioration de la condition des classes ouvrières en Russie*, et particulièrement les *Écoles professionnelles de garçons en Russie*, par M. le Pr. E. d'Andréeff, Bruxelles, 1877, in-8°, p. 112 à 214. — Communiqué par M. A. Raffalovich.

X

LES MÉDAILLES D'OR DE LA SECTION IV.

§ 1. France : I. Ministère de la marine.

Le Ministère de la marine appartenait à la section d'apprentissage par ses *écoles de maistrance* et par l'exposition des travaux de leurs élèves qui occupaient tout un panneau du grand salon de cette section. Réorganisées et réglementées par les décret et arrêté du 2 juillet 1881, ces écoles, instituées dans chacun des arsenaux de Cherbourg, de Brest, de Lorient, de Rochefort et de Toulon, comprenant même les ateliers d'Indret et de Guérigny et ayant, au-dessus d'elles, l'École supérieure de maistrance de Brest, ont pour but de former des chefs ouvriers et des ouvriers, ceux-là pourvus d'un certificat d'études que décernent les cinq écoles ordinaires, et les premiers pourvus d'un brevet de capacité décerné par la seule école supérieure de Brest, laquelle se recrute à l'aide des meilleurs élèves des autres écoles de maistrance.

Ces écoles forment, il est vrai, plutôt des conducteurs de travaux maritimes et des chefs ouvriers, de véritables contremaîtres, en un mot, que de simples ouvriers, et le programme ainsi que l'horaire des cours qui y sont professés tiennent à la fois de l'école primaire supérieure et des écoles des arts et métiers [1]; cependant il faut noter que les élèves, ayant pris presque tous l'habitude du travail manuel dans les ateliers de constructions maritimes des ports où ils doivent compter deux années de service, ne font qu'un court séjour dans ces écoles où leur temps leur est compté et payé comme temps de travail dans leurs directions respectives ou comme temps de présence à la division des équipages de la flotte.

Il y a donc, dans ces écoles, soit pour le mode de recrutement des élèves qui sont assez souvent des hommes faits, soit pour les avantages alloués à ces élèves, des données bien différentes des données des autres écoles d'apprentissage : aussi ces écoles méritent-elles d'être mentionnées à ce double point de vue, et les services qu'elles rendent au pays devaient leur assurer une récompense spéciale à la tête des médailles d'or décernées dans la section.

II. Association polytechnique et Association philotechnique de Paris; Société philomathique de Bordeaux.

Ces trois associations, œuvres d'initiative privée, qui méritent bien la haute considération dont elles jouissent et les subventions qui leur sont accordées ou les distinc-

---

[1] Voir *Ministère de la marine*, Écoles de maistrance des arsenaux, programme des cours, Paris, 1881, n° 5094.

tions qui viennent honorer leurs membres, sont d'admirables modèles de ce que peut en France l'initiative privée pour compléter, parfois sur une grande échelle, l'enseignement officiel ou pour lui indiquer de nouvelles voies à frayer et même pour s'y engager avec une ardeur que couronne souvent le succès. Aussi la section IV ne pouvait qu'accueillir favorablement les tableaux de cours ou les comptes rendus marquant annuellement le développement, chaque jour plus grand, des efforts de ces associations et la part, chaque jour plus grande aussi, qu'elles font, dans leurs programmes, à l'enseignement technique industriel et commercial par l'ouverture de cours professionnels.

1° Association polytechnique, à Paris.

Fondée à la suite du mouvement libéral de 1830, l'Association polytechnique, qui fait volontiers remonter son origine première aux cours publics professés par quelques anciens élèves de l'École polytechnique en faveur des ouvriers, à Metz, en 1816, est l'une des plus anciennes institutions, dues à l'initiative privée, qui se soient vouées en France à l'instruction populaire gratuite, et le développement qu'a pris cette œuvre d'enseignement libre est des plus considérables, non seulement à Paris et dans les communes suburbaines, mais encore dans les départements, grâce en partie aux conférences et aux bibliothèques populaires qui viennent élargir le cadre de cette institution qu'on a appelée avec tant de raison : la Sorbonne de l'ouvrier. De plus, des cours spéciaux, professés dans les vingt sections de Paris et dans celle de Vincennes, attirent et retiennent bon nombre d'employés de commerce. C'est ainsi que, des trois tableaux joints par l'Association polytechnique à de nombreux documents imprimés, le tableau n° 1 contenait l'indication de Cours techniques individuels s'adressant à la masse des auditeurs; le tableau n° 2 présentait, au contraire, des Ensembles de cours techniques spécialement destinés à certains groupes professionnels, et le tableau n° 3, établi comme le tableau n° 1, offrait des Cours techniques individuels, mais particuliers aux professions dont le commerce est la base [1].

Le jury a tenu à féliciter cette Association pour les nouvelles séries de Cours professionnels industriels, créées à Paris avec le concours de plusieurs chambres syndicales [2], et son dévoué président, M. Henri de Lapommeraye, pour le millier de conférences

---

[1] Nous extrayons de ces tableaux les chiffres suivants :

Tableau n° 1, Cours techniques individuels : 42 cours différents, professés eu moyenne dans 8 sections et suivis par 3,812 auditeurs;

Tableau n° 2, Ensemble de cours techniques : 3 séries comprenant 12 cours différents et suivis par 531 auditeurs;

Tableau n° 3, Cours techniques individuels commerciaux : 12 cours différents (parmi lesquels un cours d'Économie politique) professés dans 10 sec-tions en moyenne et suivis par 2,783 auditeurs.

[2] La Chambre syndicale ouvrière des plombiers, couvreurs et zingueurs, la Chambre syndicale patronale des mécaniciens et la Chambre syndicale de la maçonnerie sont jusqu'à présent les seules qui, à Paris, se soient adressées à l'Association polytechnique pour en obtenir l'organisation d'ensembles de cours techniques; mais cet exemple, qui a donné de si précieux résultats, pourrait et devrait être suivi par presque toutes les chambres syndicales patronales ou ouvrières.

par lesquelles il a su faire pénétrer l'âme et l'esprit de l'Association polytechnique dans les milieux les plus divers.

2° Association philotechnique, à Paris.

Malgré tout l'intérêt que présente l'unité de direction et d'efforts, on ne saurait nier les heureuses chances de développement qu'une certaine variété d'allures et une liberté sagement contenue peuvent donner aux œuvres d'enseignement populaire, et il n'y a plus lieu aujourd'hui de regretter qu'en 1848 un certain nombre de professeurs, membres du conseil de l'Association polytechnique, aient quitté cette dernière pour fonder une nouvelle société, l'Association philotechnique, ayant pour but, non comme la première, « le développement de l'instruction populaire », mais s'imposant une mission plus restreinte, quoique peut-être plus appropriée aux besoins de l'époque, celle « de donner gratuitement aux adultes des deux sexes une instruction appropriée à leurs professions ».

C'est pourquoi l'Association philotechnique a-t-elle eu en vue, même à ses débuts, moins l'instruction primaire des adultes, laquelle devenait chaque jour de plus en plus répandue, que le développement de cette instruction primaire sous forme de cours primaires supérieurs ou de cours spéciaux pour préparer les adultes, déjà pourvus d'un minimum d'instruction primaire, aux diverses professions relevant du commerce et de l'industrie [1].

Il est difficile, après quarante années d'efforts pendant lesquelles l'Association polytechnique et de nouvelles sociétés d'enseignement populaire ont suivi l'Association philotechnique dans cette voie de diffusion de l'instruction professionnelle où elle s'était engagée la première et avec un succès encourageant, d'établir exactement la part de chacune; et au reste quel intérêt en ressortirait-il? Cependant les documents nombreux adressés par le président de l'Association philotechnique, M. Jacques, député de la Seine, et les explications chaleureuses données au jury par M. Ch. Bartaumieux, architecte, l'un des vice-présidents, ont montré, à côté de l'ensemble et de la variété des cours professionnels ouverts par l'Association philotechnique [2], tout le mérite social que présentent certaines fondations dues à cette Association, entre autres une Société des

---

[1] En dehors de cours détachés dans les sections, comme cours de coupe pour vêtements d'hommes et femmes, de fleurs, de plumes, de coupe de pierres, de physique expérimentale, de photographie, de peinture pour lettres et attributs, etc., l'Association philotechnique a créé des sections dont l'ensemble des cours est destiné à une profession déterminée : ainsi la section des mécaniciens, sous le patronage de la Chambre syndicale des mécaniciens, chaudronniers et fondeurs de Paris; la section des électriciens, la section du livre.

[2] L'Association philotechnique comptait, lors de l'ouverture de l'Exposition, dans ses 25 sections, à Paris, 369 cours plus 33 cours complémentaires; en outre, un assez grand nombre d'associations similaires ont été créées, soit aux environs de Paris, à Saint-Denis, à Pantin, etc., soit dans les départements, par d'anciens professeurs ou même par d'anciens élèves, associations qui, sans dépendre positivement de l'Association philotechnique, s'en considèrent comme une émanation et s'y relient comme les diverses branches d'un arbre au même tronc.

anciens élèves de l'Association philotechnique, fondée en 1881 et ayant pour but, d'après l'article 1er de ses statuts :

1° De propager, d'étendre et de fortifier l'œuvre philotechnique, en resserrant les liens d'amitié qui existent entre les anciens élèves et les élèves actuels de l'Association philotechnique et en leur fournissant le moyen de se prêter mutuellement assistance pour l'amélioration de leur position;

2° De développer une *bibliothèque de prêt* pour permettre aux sociétaires de suivre avec avantage les cours de l'Association philotechnique et de compléter leurs études;

3° D'alimenter une *caisse spéciale de prêts gratuits* à l'aide de dons, d'une part des revenus des valeurs de la Société et des intérêts de ses capitaux disponibles, afin de venir en aide aux membres proportionnellement à leur ancienneté dans la Société [1].

En outre, du sein de l'Association est née une autre société philanthropique, une *Société amicale* fondée pour venir en aide aux professeurs méritants qui pourraient se trouver dans le besoin.

3° *Société philomathique de Bordeaux.*

(M. Buhan, secrétaire général.)

A ne considérer que l'ancienneté et la multiplicité des efforts, c'est certainement à la tête des œuvres d'enseignement que le jury aurait placé la Société philomathique de Bordeaux, laquelle, créée dès 1808, avait, avant 1839, l'année de la fondation de ses cours pour les adultes, organisé des expositions de beaux-arts et de produits industriels et patronné, depuis son origine, des cours d'histoire de France, de droit, de chimie, de physiologie et de psychologie [2].

Aidée par des subventions constantes de l'État, du conseil général de la Gironde, du conseil municipal et de la chambre de commerce de la ville de Bordeaux, et installée depuis 1871 dans les locaux de l'École professionnelle, la Société philomathique a pu donner libre cours à toutes les expériences et réaliser tous les succès : ses cours professionnels s'inspirent à la fois des programmes d'une école pour les industries du bâtiment et d'une école des arts décoratifs; de plus, elle a pu organiser, en septembre 1886, un congrès international ayant pour objet l'enseignement technique commercial et industriel, congrès dans lequel furent, pour la première fois, étudiées dans leur ensemble les questions générales et spéciales à cet enseignement [3].

Sur la double proposition du jury spécial chargé d'examiner le pavillon des Nations

---

[1] Voir *Annuaire de la Société des anciens élèves de l'Association philotechnique*, Paris, 1889, in-8°.

[2] Voir *Notice sur la création et le développement des Classes d'apprentis et d'adultes de la Société philomathique de Bordeaux*, Bordeaux, in-8°, 1878.

[3] *Société philomathique de Bordeaux*, *Compte rendu des travaux du Congrès international ayant pour objet l'Enseignement technique commercial et industriel*, Paris et Bordeaux, 1887, in-8°.

étrangères et des Départements et des Villes de France ainsi que du jury de la section IV, le jury de groupe de l'Économie sociale a accordé une *médaille d'or de collaboration* à M. Buhan, secrétaire général de la Société philomathique de Bordeaux et du Congrès international de l'enseignement technique commercial et industriel de 1886.

III. Société centrale des architectes français.

Quoique n'ayant pas ouvert de cours spéciaux pour les apprentis, la Société centrale des architectes français, qui s'est occupée, depuis 1871, de la réorganisation de l'industrie de la construction [1], mérite d'être rapprochée des grandes associations d'enseignement qui précèdent par les encouragements qu'elle décerne, chaque année plus nombreux, aux différentes classes du personnel du bâtiment, depuis le simple élève des écoles ou des cours d'apprentis, l'ouvrier, le contremaître ou l'entrepreneur, le patron, en un mot, jusqu'au maître de l'œuvre, l'architecte qui s'est distingué par de remarquables constructions privées ou par des études spéciales de jurisprudence ou d'archéologie.

Plusieurs années avant que, imitant en cela le Ministère de la guerre dont la médaille militaire reconnaît la valeur des sous-officiers et des soldats, plusieurs départements ministériels aient songé à honorer, par une médaille spéciale, les vieux serviteurs d'une profession manuelle, la Société centrale des architectes français avait su distinguer, par le don de ses remarquables médailles dues au talent de Constant-Dufeux, Henri Labrouste et Eugène Oudiné, et d'un diplôme spécial dessiné par M. Paul Sédille, les persévérants efforts et la bonne conduite d'apprentis maçons ou tailleurs de pierre, d'apprentis modeleurs, menuisiers ou serruriers, et d'élèves de l'École nationale des arts décoratifs. En outre, grâce en partie à des fondations spéciales de plusieurs de ses lauréats architectes, cette Société décernait également ces mêmes médailles aux ouvriers habiles et vieillis dans la même maison, aux contremaîtres, appareilleurs, gâcheurs, corrects, preux ou maîtres-compagnons, enfin aux patrons, entrepreneurs et grands constructeurs ou industriels passés maîtres dans la pratique des arts décoratifs et chez lesquels la soif du lucre n'avait pas nui à la bonne exécution des travaux.

Longue est la liste des récompenses ainsi accordées depuis plus de quinze années par la Société centrale des architectes français [2], et le jury de l'Économie sociale a vu, dans ces récompenses et surtout dans leur mode de répartition, un exemple d'intelligente égalité, de celle qui sait faire place aux hommes modestes à côté d'hommes plus

---

[1] Voir *Bulletin mensuel*, années 1871 et 1872, conférences et rapport de M. Baltard sur l'*Organisation des ouvriers du bâtiment, au point de vue moral et matériel*, Paris, in-8°. — Voir aussi *Congrès international des architectes de 1878, notes et rapports* de MM. Douillard, Auguste Duvert, Goffinon, Lehmann et Ch. Lucas, Paris, 1881, in-8°.

[2] Cette liste comprend actuellement (*Annuaire de la Société pour 1890*, Paris, in-8°) plus de deux cent cinquante patrons, contremaîtres ou ouvriers de bâtiment, dont un certain nombre habitent les départements. — Voir *Rapports des récompenses*, de MM. Ch. Lucas, Paul Sédille, Paul Wallon, Eugène Monnier, Ed. Loviot et Fr. Roux.

brillants mais non plus méritants; il y a vu aussi une fondation d'excellent socialisme, poursuivie en dehors de toute ingérence de l'État, et tel qui a assisté à la distribution annuelle de ces récompenses, dans l'hémicycle de l'École des beaux-arts, sous la présidence d'un délégué du Gouvernement et en présence de l'élite des professions du bâtiment, ne peut, surtout s'il s'est assis au banquet familial offert par la Société à ses lauréats de l'année, méconnaître la portée féconde et l'influence heureuse, pour l'apaisement de nos discordes sociales, de l'initiative si louable prise par la Société centrale des architectes français, société dont le président, toujours élu parmi les membres de la section d'architecture de l'Académie des beaux-arts, est aujourd'hui l'éminent artiste qui a nom Charles Garnier [1].

IV. Patronage industriel des fleurs et des plumes, à Paris.

S'étant inspiré directement, pour sa fondation et dans sa marche, des principes de la Société de protection des apprentis et des enfants employés dans les manufactures, le Patronage industriel ou mieux la Société d'assistance paternelle aux enfants employés dans les fabriques de fleurs et de plumes est une des œuvres les plus originales de notre époque.

Cette Société s'efforce, depuis plus de vingt années, de placer, sous le nom de *Groupes de famille,* un certain nombre de jeunes filles apprenties chez des personnes honorables se chargeant de leur procurer un logement et une nourriture convenables, lorsque ni les parents, ni les patrons ne les leur peuvent fournir, et les conditions de ce placement, les précautions prises pour en assurer le succès moral et matériel, enfin, la convention créant le groupe de famille, ainsi que le contrat d'apprentissage liant mutuellement le patron et l'apprentie (deux actes rédigés sous les auspices de la Société et dont l'exécution est surveillée par un de ses délégués), constituent de nos jours une tentative des plus louables de réorganisation du personnel spécial à l'industrie des fleurs et des plumes, tentative dont on peut juger le mérite par les nombreux et excellents résultats déjà obtenus.

En outre, chaque année, une distribution solennelle des récompenses décernées aux apprenties les plus méritantes par leur travail et leur conduite, ainsi que des prix accordés aux ouvriers et employés qui se sont distingués dans des concours spéciaux, vient mettre en lumière les efforts tentés par tous et donner aux autres grandes

---

[1] Il est encore une institution d'économie sociale, fondée en 1884, sous les auspices et avec le patronage de la Société centrale des architectes français, pour la défense des architectes engagés dans un procès à raison de l'exercice de leur profession; mais cette institution, appelée *Caisse de défense mutuelle des architectes,* constitue un véritable syndicat professionnel ayant un Comité d'administration et un budget distincts de ceux de la Société centrale des architectes français : aussi le Comité d'admission et le jury de la section IV ont-ils reporté cette fondation de la Société centrale des architectes dans la section III (syndicats professionnels) où le tableau et les bulletins de la Caisse de défense mutuelle des architectes ont obtenu *une médaille d'argent.* — Voir le rapport de M. Goffinon.

branches de l'industrie parisienne un exemple que toutes devraient suivre dans la mesure du possible. Nul doute que, par de telles mesures appliquées avec persévérance, on ne puisse reconstituer, non l'apprentissage avec ses abus, tel qu'il existait souvent au dernier siècle, mais un apprentissage plus complet, mieux surveillé et inspiré des principes de solidarité qui font l'honneur de la France contemporaine [1].

V. École municipale professionnelle de garçons, à Saint-Étienne, et Institution Livet, à Nantes.

Ces deux établissements, l'un créé et soutenu par une riche municipalité et l'autre ne relevant que de l'initiative privée, ont été portés par le jury pour une haute et même récompense comme présentant deux types bien différents dans leur organisation, mais comme s'efforçant aussi d'arriver au même but en remplissant le même programme. Leur étude comparative pourrait même servir à mettre en regard, dans le domaine de l'instruction professionnelle, ce que donne l'enseignement libre réduit à ses seules ressources et l'enseignement officiel défrayé complètement par une ville de premier ordre.

1° École municipale professionnelle de garçons, à Saint-Étienne.

Nous ne reviendrons pas sur tout l'intérêt que présentait aux visiteurs de la section IV le petit pavillon spécial à l'École municipale professionnelle de garçons de la ville de Saint-Étienne [2]; l'attention que, le jour de l'inauguration de l'Exposition, ce pavillon obtint de M. le Président de la République, et les nombreuses études dont il fut l'objet pendant toute la durée de l'Exposition, montrèrent bien que, sous une forme pittoresque, il mettait en lumière une œuvre d'enseignement d'une haute portée et présentée avec grande intelligence par le directeur de l'école depuis sa fondation, M. C. Lebois.

L'École de Saint-Étienne est une ancienne école primaire supérieure devenue aujourd'hui une véritable école d'apprentissage (type de l'École du Havre et de l'École Diderot). Elle fut créée en 1882, mais seulement installée, au mois d'octobre 1885, dans un vaste immeuble construit à cet effet, à la suite d'un concours et moyennant une dépense totale (compris mobilier, outillage et matériel d'enseignement) s'élevant à 600,000 francs. Son budget annuel, entièrement supporté par la ville de Saint-Étienne, est de 70,000 francs, pour 300 élèves externes, pouvant suivre l'école pendant quatre années et répartis dans les ateliers suivants, répondant bien aux besoins de la région : ajustage et armurerie, forge et fonderie, menuiserie et modèlerie, tissage et teinturerie, modelage et sculpture [3].

---

[1] Voir Société pour l'Assistance paternelle (patronage industriel) aux enfants employés dans les fabriques de fleurs et de plumes (23ᵉ année, séance solennelle, 1ᵉʳ juin 1890), Paris, 1890, in-8°.

[2] Voir, plus haut, I, Ensemble et physionomie de la section IV, page 3, note 4.

[3] Voir ville de Saint-Étienne, École municipale professionnelle de garçons : 1° Réponse au question-

Malheureusement, le seul certificat d'ancien élève, délivré à la fin de la quatrième année d'études, ne suffit pas à empêcher de nombreuses défections de la part des élèves de première et de deuxième année: aussi la moitié seulement des élèves entrés à l'école ont-ils jusqu'ici terminé leur troisième année et les familles consentent plus difficilement encore à laisser leurs enfants accomplir une quatrième année, toute de perfectionnement, mais indispensable.

Quoique de date récente, l'École professionnelle de Saint-Étienne et l'École professionnelle de Saint-Chamond (Loire)[1] ont vu se former, entre leurs anciens élèves, une *Association amicale*, comptant déjà environ 120 membres titulaires et dont l'*Annuaire* permet de connaître les professions embrassées par eux à leur sortie de ces écoles[2].

2° Institution Livet, à Nantes.

L'institution Livet, du nom de son fondateur et directeur, fut créée à Nantes, en 1846, et à la suite de développements successifs dans ses programmes, d'agrandissements considérables dans son installation[3] et grâce aussi aux subventions du Ministère du commerce et du Conseil général de la Loire-Inférieure, elle comprend aujourd'hui, à l'état de pensionnaires, de demi-pensionnaires et d'externes, environ 400 jeunes gens y recevant, en même temps que l'enseignement secondaire spécial créé par le Ministère Duruy en 1868, un enseignement professionnel et technique[4] les préparant au commerce, à l'industrie et aux écoles spéciales des arts et métiers après une cinquième année d'études complémentaires.

Un des caractères particuliers de l'institution Livet et celui qui a attiré sur son enseignement la sollicitude du jury de la section IV est la faveur dont elle jouit, de-

---

naire de l'exposition d'Économie sociale; 2° *Règlement;* 3° *Programmes;* brochure in-8°, Saint-Étienne, 1889.

[1] L'École professionnelle de garçons de Saint-Chamond (Loire), conçue sur les mêmes données générales que celle de Saint-Étienne, mais dans des conditions d'établissement beaucoup plus simples et ne pouvant, par conséquent, atteindre tout le développement désirable, rend cependant, elle aussi, de très grands services dans le centre si industriel où elle est placée et il est regrettable que la ville de Saint-Chamond n'ait pas fait connaître au jury de la section IV l'ensemble des résultats qui ont été obtenus dans cette école de garçons ainsi que dans l'école ménagère et professionnelle de jeunes filles qui y est contiguë.

[2] Les ajusteurs-mécaniciens et les dessinateurs industriels tiennent une grande place sur cette liste des anciens élèves des écoles professionnelles de Saint-Étienne et de Saint-Chamond, liste où on peut relever

aussi, à côté d'ouvriers de manufactures de l'État, des fils d'industriels de la région rentrés dans l'usine paternelle après leur séjour à l'école.

[3] Les bâtiments de l'institution Livet, grâce à l'étendue de terrain qu'ils renferment et à l'importance des constructions élevées, permettent aujourd'hui de séparer nettement les élèves suivant le genre d'études auxquelles ils s'adonnent et de fournir à chacune des divisions des locaux en rapport avec la nature de l'enseignement.

[4] Deux vastes ateliers de travaux manuels, mus par la vapeur et munis d'un outillage complet, renferment : le premier, l'ajustage, le tour et la fonderie; le second, la menuiserie et la modelerie. En outre, une école d'horlogerie est, depuis 1878, annexée à l'institution et plusieurs salles de dessin et de modelage donnent aux élèves une instruction suffisante pour continuer leurs études dans des écoles spéciales ou pour entrer, comme dessinateurs, dans diverses carrières industrielles.

puis 1874, auprès du Ministère de la marine qui admet, chaque année, cette école à fournir au concours, de même que les Écoles des arts et métiers d'Aix, d'Angers et de Châlons, des apprentis mécaniciens pour les équipages de la flotte à Brest et à Toulon [1].

VI. M. A. Chaix, à Paris, et M. Paul Moutier, à Saint-Germain-en-Laye.

Cette revue des principales récompenses accordées à la France dans la section IV de l'exposition d'Économie sociale, section surtout consacrée à l'instruction et au patronage des apprentis, laisserait beaucoup à désirer si le jury n'avait eu à examiner et à reconnaître hautement le mérite de patrons créant, dans leurs propres ateliers, un enseignement professionnel adapté aux besoins de leur industrie et aussi toute une série d'institutions destinées à fixer l'apprenti, devenu ouvrier, dans la maison où il a fait ses débuts et dont il ne devra sortir, dans la force de l'âge, que pour s'établir à son compte ou, arrivé à la vieillesse, que pour se reposer après avoir assuré, par son travail, le sort de ses derniers jours.

Or, parmi ces patrons dont le nombre grandit chaque jour mais dont beaucoup n'ont pas cru devoir exposer leurs institutions patronales ou se sont contentés d'adresser à la classe 6 - 7 - 8 (Enseignement technique) les résultats de leurs méthodes d'apprentissage, sans penser à en faire ressortir le côté social dans notre section IV, se trouvent M. A. Chaix, de Paris, et M. Paul Moutier, de Saint-Germain-en-Laye, tous deux récompensés comme industriels, le premier, de plusieurs médailles d'or, dans diverses classes et le second d'une médaille d'argent, dans la classe 79 (serres et matériel d'horticulture).

Le jury de l'exposition d'Économie sociale n'avait pas à apprécier, à propos de la section IV, l'admirable ensemble d'institutions patronales relevant de la section XIV [2], ni les heureuses données de participation aux bénéfices relevant de la section II [3], que MM. Chaix et Moutier ont établies depuis longtemps en faveur de leur personnel; mais le jury a été frappé des deux solutions identiques que, suivant la nature spéciale de leur industrie et l'organisation particulière de leur maison, MM. Chaix et Moutier lui ont offertes de ce problème si complexe appelé : *l'école dans l'atelier* [4].

Chez M. Chaix, directeur de l'imprimerie et de la librairie centrales des chemins de fer, à Paris, c'est une véritable école professionnelle de typographie, fondée en 1863, par M. Napoléon Chaix, père du directeur actuel, école comprenant deux groupes : 1° les compositeurs et les lithographes; 2° les imprimeurs et les enfants des services divers (réglure, brochure, papeterie, fonderie, clicherie, bureau), cette école em-

---

[1] Décision du Président de la République, en date du 15 mai 1874, étendant aux élèves de l'Institution Livet, à Nantes, les dispositions des articles 2 et 4 de la loi du 21 juillet 1862 portant création d'emploi d'élève mécanicien de la marine.

[2] et [3] Sur la proposition des rapporteurs de ces deux sections, MM. Ém. Cheysson et Charles Robert, le jury a accordé, pour ces deux sections, à M. A. Chaix, deux médailles d'or, et à M. Paul Moutier, une médaille d'or et une médaille d'argent.

[4] Voir, plus haut, *VIII, l'Enseignement technique en France de 1878 à 1889.*

brassant ainsi les diverses branches de l'industrie typographique représentées dans l'établissement [1].

Admis après un double examen portant sur son instruction primaire et ses aptitudes corporelles, l'apprenti, âgé d'au moins 13 ans, est, au bout de deux mois d'essai, placé dans le service le plus en rapport avec ses goûts et sa capacité et est lié par un véritable contrat d'apprentissage signé de son père ou de son tuteur et de M. A. Chaix. Pendant trois ou quatre ans, il doit partager son temps entre les travaux d'atelier et les cours de l'école, cette dernière dirigée par le chef du personnel, M. G. Berger, auquel le jury a accordé une médaille d'argent de collaboration.

Des gratifications proportionnelles au temps de l'apprentissage et au travail produit, gratifications constituant de fait un salaire quotidien variant de o fr. 5o à 2 francs, sont portées sur un livret qui, à la fin de l'apprentissage, devient la propriété de l'enfant et lui sert de certificat s'il vient à quitter la maison.

Enfin les meilleurs sujets, une fois devenus de bons ouvriers convenablement exercés dans la branche qu'ils veulent suivre, font, aux frais de la maison, un voyage en France et à l'étranger pour compléter leur instruction professionnelle.

Chez M. Moutier, constructeur en fer, à Saint-Germain-en-Laye, nous trouvons les mêmes données d'instruction, de contrat d'apprentissage et de gratification pour les apprentis, sur une échelle moindre, il est vrai, mais, par cela même peut-être, avec une participation plus directe du chef de la maison.

A une moindre importance d'exploitation et à une industrie de beaucoup moins sédentaire, correspond une action plus personnelle du patron qui est lui-même le directeur des cours professionnels qu'il a créés en 1881 dans sa maison et leur principal professeur, aidé dans cette tâche par ses meilleurs ouvriers et surtout par M. Eug. Évrard, contremaître.

L'apprentissage, chez M. Paul Moutier, rappelle davantage l'apprentissage chez les maîtres-patrons du temps jadis et convient bien à l'industrie du bâtiment, toutes les fois que celle-ci n'est pas dominée par une trop grand division du travail : à défaut d'une véritable école professionnelle, à la fois théorique et pratique de la charpente en fer, de la serrurerie et de la quincaillerie, les apprentis de M. Paul Moutier trouvent, dans ses ateliers de Saint-Germain-en-Laye, à côté des notions théoriques indispensables, un enseignement pratique de chaque jour et dont la variété ne laisse rien à désirer [2].

§ 2. Étranger. — I. Belgique, *Institut supérieur de commerce, à Anvers.*

Ce n'est pas par ordre alphabétique de nationalité, mais bien par ordre de mérite, que l'Institut supérieur de commerce, fondé en 1852, à Anvers, par le Gouvernement

[1] Voir, imprimerie Chaix, *Notice sur l'École professionnelle* et *Programme de l'enseignement*, 2 br. in-8°. Paris, 1889. — [2] Voir, maison Moutier, *Cours d'apprentissage*, in-8°, Paris, 1889.

belge et l'Administration communale de la ville, se trouve placé en tête des médailles d'or accordées aux établissements qui, dans les pays étrangers à la France [1], intéressent à la fois l'enseignement technique et l'économie sociale.

Le but de cet Institut, le premier établissement de ce genre qui ait été créé, se trouve nettement défini dans les lignes qui suivent et que nous empruntons à un document officiel remontant déjà à quelques années :

L'utilité d'un enseignement supérieur se faisait sentir aussi bien pour le commerce que pour l'industrie; la pratique, en effet, ne suffira pas pour faire un commerçant parfait, pas plus qu'elle ne permet à un industriel d'atteindre la perfection dans l'exercice de sa profession; en dehors des notions de sciences pures, qui trouvent de nombreuses applications dans les différentes branches du commerce, il existe quantité de matières dont l'ensemble constitue ce qu'on appelle aujourd'hui « les sciences commerciales » et dont la connaissance est indispensable pour former un bon négociant [2].

C'est en exécution de ce programme que l'enseignement théorique professé à l'Institut comprend : l'histoire générale du commerce et de l'industrie, la géographie commerciale et industrielle, l'économie politique et les notions générales de la statistique, les exposés généraux des principes du droit, le droit commercial et maritime comparé et les principes du droit des gens dans leurs rapports avec le commerce, la législation douanière de la Belgique et des autres autres pays principaux, les constructions et armements maritimes, l'histoire des produits commerçables (comprenant l'analyse des produits naturels et fabriqués et les éléments de la chimie commerciale), les langues allemande, anglaise, italienne et néerlandaise [3].

De son côté, l'enseignement pratique, donné dans le Bureau commercial de la ville, comprend : les opérations commerciales de toute espèce (spéculations, banques, arbitrages, assurances, transports, etc...), l'arithmétique commerciale et la tenue des livres ainsi que la correspondance dans les langues enseignées à l'Institut.

En outre, des conférences, publiques pour la plupart et données parfois au cours des visites des principaux établissements industriels du pays, apportent un utile complément à l'enseignement théorique et pratique et traitent une grande variété de sujets parmi lesquels : les industries des vins et de la bière, de la laine et du coton, le tissage et la teinture, la télégraphie et la téléphonie, la physique générale du globe et la météorologie dans leurs rapports avec la navigation et le commerce, les régions de l'Afrique centrale, Robert Owen et le communisme anglais, etc.

---

[1] L'Institut supérieur de commerce d'Anvers reçoit, dans ses cours préparatoires aussi bien que dans ses deux années de cours, et admet aux examens de la *licence ès sciences commerciales*, les étrangers indistinctement avec les nationaux.

La proportion de diplômes de licence décernés aux étrangers — parmi lesquels se trouvaient bon nombre de Français avant la création, à Paris, de l'École des hautes études commerciales — est d'environ les deux cinquièmes du nombre total de ces diplômes.

[2] *Rapport* de M. le Ministre de l'agriculture, de l'industrie et des travaux publics sur l'Enseignement industriel et professionnel en Belgique, etc. (années 1880 à 1884), Bruxelles, 1886, in-8°, p. 26.

[3] La langue de tous les cours est le français; mais de nombreux élèves belges et hollandais parlent le flamand.

Ajoutons que la bibliothèque et le laboratoire, surtout le musée d'échantillons, lequel est ouvert au public, complètent fort heureusement cet institut commercial, à l'imitation duquel, depuis peu, plusieurs nations se sont efforcées de créer des établissements semblables; mais l'Institut supérieur de commerce d'Anvers a été le premier de tous en date et a l'honneur d'avoir fixé, par une expérience de près de quarante années, les programmes et les méthodes de l'enseignement commercial.

II. Danemark : *Association de 1837, à Copenhague.*

Cette Association, fondée le 1ᵉʳ juin 1837, à Copenhague, pour combattre chez les enfants des deux sexes la démoralisation qu'entraînent trop souvent la misère ou l'inconduite de leurs parents, est une œuvre d'assistance et de patronage plus qu'une œuvre d'enseignement; car les nombreux enfants qu'elle a recueillis [1] ont été placés, sous la surveillance de ses délégués, à la campagne, chez des paysans, des ouvriers ou des maîtres d'écoles publiques ou privées, à l'exception toutefois des enfants trop dépravés qui sont envoyés, les garçons à Beggilgaard et les filles à Holsteinsminde, établissements spéciaux de réforme.

Mise en rapports continuels par les membres de son comité directeur avec la magistrature, la police et l'administration des pauvres de la ville de Copenhague [2], cette Association prend les enfants âgés de 10 à 13 ans et les garde le plus souvent jusqu'à 15 ans, âge de leur confirmation; mais, pour éviter tout ce qui pourrait un jour rappeler que l'enfant a été placé sous la surveillance de l'Association, celle-ci cesse tout patronage à partir de cette époque.

En dehors des frais de voyage, de trousseau ou de maladie, chaque enfant coûte annuellement 250 francs à l'Association, dont les dépenses, couvertes par des revenus de biens-fonds ou des souscriptions volontaires, montent à environ 15,000 francs par an [3].

III. Grande-Bretagne : *Industrial training ship Clio, à Chester; National Association of certified reformatory and industrial schools, à Londres; Association for the oral instruction of the deaf and dumb children, à Londres; et Donegal industrial fund* (Mʳˢ Ernest. Hart, directrice), à Londres.

La Grande-Bretagne avait envoyé, pour les diverses sections de l'Exposition, de nombreux documents (programmes, livres de classe, tableaux statistiques et rapports

[1] L'Association a recueilli plus de 1,400 enfants de 1837 à 1888 et, dans ce nombre, environ 250 jeunes filles.

[2] Ce comité, composé de six membres, compte e bourgmestre de Copenhague, quatre conseillers des différents tribunaux et cours de justice et le chef du service de la sûreté.

[3] Voir *Association de 1837 pour sauver les enfants dépravés*, Copenhague, 1888, in-12.

annuels) appartenant à des œuvres ou même à des ensembles d'œuvres dans lesquelles l'assistance, le patronage, la répression et l'enseignement professionnel tenaient une place variée [1]; mais, parmi ces œuvres, il en est quatre sur lesquelles M. le docteur Faure-Miller, membre du jury de l'Économie sociale pour la Grande-Bretagne, avait particulièrement attiré l'attention de la section IV.

Ces quatre œuvres sont :

1° *Industrial training ship Clio,* établissement d'enseignement professionnel pour les enfants se destinant à la marine et dont le siège est à Chester;

2° *National Association of certified reformatory and industrial schools,* Société ayant fondé et entretenant, à l'aide de souscriptions volontaires et parfois aussi de contributions ou taxes, de nombreuses écoles de réforme et d'apprentissage qui tiennent à la fois de l'orphelinat, de la maison de correction et de l'école professionnelle et dont le comité directeur comprend, à Londres, les plus grands noms de l'aristocratie anglaise;

3° *Association for the oral instruction of the deaf and dumb children,* Société siégeant à Londres et s'occupant spécialement d'ouvrir des écoles pour l'enseignement, par la parole, des enfants sourds et muets, et ce, grâce à des tableaux ingénieux composés par M. W. van Praagh;

4° *Donegal industrial fund,* œuvre dont le siège est également à Londres, mais qui fut fondée, en 1884, par une femme d'un grand dévouement, Mᵐᵉ Ernest. Hart, pour encourager, particulièrement dans les familles irlandaises, la reprise et le développement des travaux manuels (tissage, broderie, dentelle, etc.) qui peuvent être accomplis par des mains féminines sans quitter le foyer domestique.

IV. Grèce : Orphelinat Hélène, au Pirée.

Cet orphelinat pour les jeunes garçons, fondé en 1874 par quelques notables habitants du Pirée, a pris le nom d'*Orphelinat Hélène* de feu Mᵐᵉ Hélène N. Zanni, qui, l'année même de sa fondation, lui légua un revenu annuel de 10,000 drachmes (10,000 francs) [2].

L'établissement compte actuellement 90 enfants âgés de 10 à 17 ans, dont les deux tiers acceptés gratuitement et les autres payant une rétribution variant de 15 à 25 francs par mois.

Outre l'enseignement primaire, les enfants reçoivent une instruction professionnelle qui les destine aux professions suivantes : ajustage, ciselure sur métaux, serrurerie, moulage, sculpture sur bois, menuiserie, couture et cordonnerie [3].

[1] Plusieurs volumes de documents concernant ces œuvres mixtes d'enseignement et de bienfaisance ont été, après l'Exposition, conservés pour le Musée permanent d'Économie sociale.

[2] L'orphelinat Hélène jouit actuellement d'un revenu annuel de 37,000 francs, le tiers de cette somme est prélevé sur le budget communal du Pirée.

[3] Les élèves vont le soir à l'École des arts pour se perfectionner en suivant des cours spéciaux, et environ 30 d'entre eux, les meilleurs musiciens, composent l'orchestre qui se fait entendre tous les dimanches sur une place du Pirée.

Après des commencements fort difficiles, car le nombre des évasions des enfants était considérable, l'établissement, surveillé par l'administration communale du Pirée, donne aujourd'hui les résultats les plus satisfaisants et, quoiqu'il ne soit pas complété par une œuvre de patronage des anciens élèves, ceux-ci ne sont pas embarrassés pour se placer [1].

V. Suède : *Almänna Barnhuset*, à Stockholm.

Cet établissement, véritable orphelinat régi par un règlement datant de 1850, a pour mission de recevoir gratuitement ou moyennant une rétribution une fois payée les orphelins au-dessous de 6 ans de la commune de Stockholm et de son territoire, ainsi que les enfants des filles-mères. Il garde sous sa tutelle ces enfants jusqu'à l'âge de 14 ans, mais en les plaçant presque tous, à la campagne, dans des familles exerçant une profession agricole.

L'État suédois contribue aux dépenses par une subvention annuelle de 100,000 francs qui viennent s'ajouter aux revenus des biens-fonds évalués à 3 millions de francs, que possède l'orphelinat, et aux sommes payées par les enfants étrangers à la commune de Stockholm [2].

Cette œuvre, très prospère, offre, dans certains détails de son organisation, une assez grande analogie avec le placement d'enfants dans des familles rurales, tel que ce placement est opéré par les soins et sous la tutelle de la Direction de l'Assistance publique de la Préfecture de la Seine [3].

XI

AUTRES RÉCOMPENSES DE LA SECTION IV.

Médailles d'argent : 1° France; 2° Le travail des enfants; 3° Étranger.
4° Médailles de bronze et mentions honorables.

1° *France.*

Les *trente-sept médailles d'argent* accordées aux exposants français de la section IV permettent, par la simple lecture des noms des associations, des écoles, ou des exposants récompensés [4], de se faire une idée de la considérable diversité offerte par

[1] Voir *Historique, Règlement et Rapport*, le Pirée, broch. in-8°, 1874-1888.

[2] Voir *Documents* manuscrits et imprimés, Stockholm, in-4° et in-12°; en partie communiqués par M. Ernest Nusse, avocat, membre du comité d'admission de la section IV.

[3] Voir plus haut, IX, *Les grands prix de la section IV.*

[4] Près des quatre cinquièmes de ces médailles sont accordés à des efforts collectifs, œuvres de patronage ou d'enseignement, et parfois œuvres réunissant ces deux caractères.

l'ensemble de cette section et de la touchante ingéniosité avec laquelle, à notre époque, naissent les œuvres les plus dissemblables dans ce double champ si vaste de la protection et de l'instruction de l'enfance ouvrière.

C'est ainsi que la *Société d'apprentissage des jeunes orphelins* et l'*Association pour le placement en apprentissage et le patronage des orphelins des deux sexes*, deux œuvres parisiennes d'un intérêt général, sont suivies du *Patronage industriel des enfants de l'ébénisterie* et de la *Chambre syndicale des entrepreneurs de couverture et de plomberie*, également à Paris; du *Conseil des prud'hommes de Nîmes* et de l'*École de commerce de Marseille*; du *Cercle des maçons et tailleurs de pierre*, à Paris, et de la *Société industrielle d'Elbœuf*; de la *Chambre syndicale de la bijouterie en imitation*, à Paris; de *la Professionnelle*, à Saint-Fargeau (Yonne) et de la *Chambre syndicale de la bonneterie française*, à Paris : toutes œuvres d'enseignement professionnel très méritantes, mais offrant des données spéciales à l'exercice de professions déterminées. De même, pour les œuvres de bienfaisance ou de patronage, le *Refuge israélite pour l'enfance*, à Neuilly-sur-Seine, le *Bureau de bienfaisance*, à Nancy [1], la *Société protestante du travail* et la *Société de patronage des prisonniers protestants libérés*, toutes deux à Paris, M. *Cyprien Sommelet*, à Bologne (Haute-Marne), la *Société d'encouragement au bien*, à Paris, l'*Orphelinat municipal professionnel*, à Angers, la *Société amicale des apprentis de la maison Leclaire* et la *Caisse des orphelins du XVI⁰ arrondissement*, à Paris, diffèrent essentiellement par l'ancienneté des institutions, par les statuts qui leur servent de règle et surtout par leur mode spécial de faire le bien. En revanche, les écoles, publiques ou privées, portées sur cette longue liste, offrent une certaine ressemblance dans leur programme d'enseignement professionnel; et cependant quelles différences notables décèle l'organisation des *Écoles municipales de garçons et de jeunes filles de Reims*, de l'*École professionnelle de jeunes filles de Saint-Étienne* et de l'*École des arts et métiers de Clermont-Ferrand*, avec l'organisation de l'*École Gutenberg*, à Paris, de l'*École de chapellerie*, à Villenoy (Seine-et-Marne), de l'*École professionnelle de la chambre syndicale du papier*, à Paris, de l'*École d'horlogerie*, à Anet (Eure-et-Loir), et des *Cours professionnels pratiques pour les jeunes filles*, à Levallois-Perret (Seine).

Il y aurait toute une longue étude à faire de chacune de ces œuvres, de leur organisation et de leurs ressources; car tel détail qui peut paraître insignifiant dans leur règlement, dans leur titre même [2], ou telles conditions spéciales au milieu dans lequel elles se développent [3], pourraient indiquer un enseignement précieux à noter ou un écueil à éviter pour la création d'œuvres semblables : il en serait de même, surtout

---

[1] Ce bureau de bienfaisance est, croyons-nous, le premier et peut-être le seul, en France, qui affecte un secours spécial à l'alimentation des apprentis.

[2] Voir plus haut, § II, l'*Enseignement technique en France de 1788 à 1878*, la difficulté éprouvée à faire accepter le mot *apprentissage* dans le titre des écoles professionnelles de garçons, et, de même, le mot *ménagère* eu, lui aussi, quelque peine à se faire accepter dans le titre des écoles professionnelles de jeunes filles.

[3] On ne saurait trop insister sur la nécessité d'apporter, dans le programme des écoles professionnelles, une entente sérieuse des besoins industriels de la région où on veut créer ces écoles et aussi d'imprimer à tout leur enseignement une direction constante tendant à la réalisation de ces besoins.

pour les institutions patronales qui ont valu dans la section IV des récompenses à
M. Famin fils aîné, à Lillers (Pas-de-Calais), et à MM. Chardin et Cⁱᵉ, Farcy et Oppenheim, Baille-Lemaire et Barbas, Tassant et Balas, à Paris; mais nous sommes obligé de
nous renfermer dans la place qui nous est allouée et que nous avons déjà dépassée, et
après avoir rappelé la grande importance que prennent, à Paris, les conférences de la
Société centrale du travail professionnel ainsi que le concours si dévoué donné depuis
longtemps par M. Géry-Legrand, aujourd'hui sénateur du département du Nord, aux
œuvres d'enseignement de la ville de Lille [1], nous saisirons l'occasion que nous offre
la médaille d'argent décernée à M. Damico, sous-chef du bureau du travail des enfants
à la Préfecture de police, pour dire quelques mots de cette question si importante de la
surveillance des enfants et des filles mineures employés dans l'industrie.

2° *Le travail des enfants.*

La Préfecture de police et le Conseil général du département de la Seine, desquels
relèvent, dans ce département, la nomination et le fonctionnement des commissions
locales chargées de veiller à l'application de la loi du 19 mai 1874 sur le travail
des enfants et des filles mineures employés dans l'industrie, ainsi que de contrôler le
service de l'inspection, n'avaient pas exposé, dans la section IV du groupe de l'Économie sociale, tous les volumineux dossiers et les nombreux imprimés relatifs à l'application, depuis quinze ans, de cette loi dans le département de la Seine; car, dans
ce cas, le jury de section et après lui le jury du groupe n'auraient pas manqué de reconnaître, par une haute récompense, les efforts et les sacrifices faits par la Préfecture de
police et par le Conseil général de la Seine pour organiser, sur une grande échelle,
ce service si délicat dans son fonctionnement et qui a donné, à Paris et dans la banlieue, des résultats réellement satisfaisants. Mais M. le préfet de police avait, sur la
demande du président du comité d'admission, fait réunir, par M. Damico, sous-chef de
bureau chargé de centraliser tout ce qui concerne ce service, un certain nombre de
textes officiels et de tableaux de statistique [2]; les rapports annuels de la commission
départementale supérieure et des commissions locales, ainsi que les procès-verbaux
des réunions générales des présidents, secrétaires ou délégués de ces commissions.

Or une notion précise se dégage formellement de tous ces renseignements, c'est la

---

[1] Longtemps 1ᵉʳ adjoint au maire de la ville de Lille, avant d'être lui-même maire de cette importante cité, M. Géry-Legrand se trouvait, il y a dix ans, déjà chargé de la surveillance des services d'enseignement et s'intéressait vivement aux écoles académiques de Lille.

[2] Ces tableaux contenaient notamment, pour Paris et la banlieue, et de 1875 à 1888, les relevés suivants : 1° *Livrets* remis par les maires aux enfants, ensemble 205,740; 2° *Certificats* d'instruction primaire visés par les maires, ensemble 103,393; 3° *Contraventions* pour inexécution par les industriels des prescriptions diverses contenues dans les lois des 9 septembre 1848 et 19 mai 1874, ainsi que dans les règlements d'administration postérieurs, ensemble 375; 4° *Surcharges* d'enfants constatées sur la voie publique par les gardiens de la paix, ensemble 1,077; 5° *Accidents* survenus dans les ateliers et dont ont été victimes des enfants âgés de moins de 16 ans, 485.

nécessité du maintien des commissions locales dans le département de la Seine où elles fonctionnent à la satisfaction de tous, et leur organisation dans les autres départements où cette organisation s'est heurtée le plus souvent à de l'indifférence et parfois aussi à du mauvais vouloir. On nous permettra de le répéter ici, comme nous l'avons dit et écrit plus d'une fois déjà au nom de nos collègues, les délégués des commissions locales du département de la Seine, c'est surtout dans une société démocratique comme la nôtre qu'il appartient d'associer des groupes de citoyens franchement désintéressés à la surveillance de l'exécution des lois protégeant l'enfance ouvrière, et les commissions locales, créées par la loi du 19 mai 1874 comme une sorte de *délégation cantonale du travail des enfants dans l'industrie,* ne méritent pas le discrédit que l'on a voulu jeter sur elles[1].

3° Étranger.

Les onze médailles d'argent, décernées à des institutions étrangères appartenent à six nationalités différentes, ne préconisaient pas des mérites moins variés que ceux récompensés en France et présentaient, depuis the Cornell University, à Ithaca (États-Unis), jusqu'aux œuvres anglaises de miss Ada Leigh, œuvres si intéressantes et qui ont Paris pour champ d'action, des écoles industrielles ou ménagères, en Belgique, en Italie et en Angleterre; un internat charitable à Malmoë (Suède), et une École centrale des arts appliqués à l'industrie, créée à Helsingfors (grand-duché de Finlande); malheureusement la place nous manque pour faire ressortir, comme nous le voudrions, l'originalité de quelques-unes de ces institutions et le contingent de précieux renseignements qu'elles apportent à l'enseignement technique ou à la protection de l'enfance et au prtronage des adultes.

4° Médailles de bronze et mentions honorables.

Parmi les médailles de bronze et les mentions honorables par lesquelles le jury a récompensé un certain nombre d'œuvres relativement plus récentes ou conçues sur une moindre échelle que celles admises à de plus hautes distinctions, il y aurait cependant lieu à quelques réflexions sur certaines de ces œuvres ou sur le mérite de certains exposants. Ainsi le jury s'est vivement intéressé au programme des cours de chauffeurs mécaniciens de chemins de fer, dirigés par M. Guimbert; aux efforts de la Chambre syndicale de la passementerie et du Patronage laïque des apprentis du 1ᵉʳ arrondissement, à Paris; aux cours de dessin organisés à Reims, par M. Lepage[2], et à un travail

---

[1] Un projet de loi, adopté par la Chambre des députés dans la séance du 7 février 1891, et actuellement soumis au Sénat, entraîne la suppression des commissions locales que, pour sa part, le Conseil général de la Seine engage, depuis le commencement de ces débats législatifs, à se transformer en Comités de patronage. — Voir le rapport rédigé par M. Paul Robiquet et adressé le 28 juillet 1887, au nom des délégués des commissions locales du département de la Seine, aux autorités et aux corps électifs qui ont mission de s'occuper du travail des enfants.

[2] Voir *III, Liste des Récompenses,* p. 10, n. 1.

original de M. Casimir Anthime, à Bourges; enfin à l'école de cuisine de Liverpool et aux écoles professionnelles de Saint-Imier et de Bienne (Suisse), regrettant, au sujet de ces dernières écoles, de n'avoir pas eu à examiner tout l'ensemble des écoles suisses consacrées à la fabrication de l'horlogerie, écoles intéressantes par leurs données d'organisation autant que par le haut mérite de leur enseignement et qui ont obtenu un grand prix dans la classe 26 (horlogerie).

XII

UN MUSÉE-BIBLIOTHÈQUE D'ÉCONOMIE SOCIALE.

Il nous est pénible, au moment de terminer ce rapport, pendant la rédaction duquel nous avons dû interroger de nombreux documents résultant de la vaste enquête ouverte à l'occasion du Centenaire de 1789 et consulter les remarquables tableaux qui faisaient le charme de la section IV en illustrant des données souvent bien abstraites; il nous est certes pénible de penser que de telles richesses intellectuelles et de tels éléments de progrès moral, venus de points si divers de France et de l'étranger, sont aujourd'hui, malgré le bon vouloir des exposants, livrés aux incertitudes d'une conservation provisoire et d'un fâcheux entassement ne pouvant permettre de les consulter[1] : aussi, nous rappelant combien étaient intéressantes les salles de l'exposition d'Économie sociale le 6 mai 1889, lors de leur inauguration et combien elles ont, pendant six mois, attiré et retenu l'attention de nombreux visiteurs; sachant de plus et mieux que personne combien, pour ce qui est de l'apprentissage, ce rapport est insuffisant pour élucider dans leur ensemble et dans leurs multiples détails les problèmes qu'il ne fait qu'effleurer, nous exprimerons le désir que tout ne soit pas définitivement perdu des fruits d'une semblable manifestation et que la constatation des efforts tentés et des succès obtenus soit mise quotidiennement sous les yeux des chercheurs de l'avenir; en un mot, nous demanderons que, comme Vienne, Paris ait prochainement son musée-bibliothèque d'Économie sociale, où se retrouveront les grandes divisions du groupe de l'Exposition de 1889 et où, se servant des résultats déjà acquis, les hommes qui ont souci de l'amélioration du sort de leurs semblables pourront, sans nouveaux tâtonnements, s'engager résolument dans la voie du progrès social.

Charles LUCAS.

[1] La plus grande partie des objets et des livres et manuscrits exposés dans la section IV ont été, sur notre demande, laissés par les exposants à la disposition d'un comité présidé par M. Léon Say et formé en vue de la création, à bref délai, d'un Musée-bibliothèque d'Économie sociale. Malheureusement les difficultés inhérentes à une telle création ont forcé, quant à présent, à reléguer ces objets dans une partie des Écuries du quai d'Orsay où il est impossible de recevoir les visiteurs et de leur donner, comme en 1889, des explications méthodiques et raisonnées.

www.ingramcontent.com/pod-product-compliance
Lightning Source LLC
LaVergne TN
LVHW021810170726
843503LV00007B/3127